Sarah Leschik

Mobile Payment

Techniken – Umsetzung – Akzeptanz

Nomos

Bildnachweis:
Vetta Vektor „social media marketing“
istockphoto

Die Deutsche Nationalbibliothek verzeichnet diese Publikation in der Deutschen Nationalbibliografie; detaillierte bibliografische Daten sind im Internet über http://dnb.d-nb.de abrufbar.

ISBN 978-3-8329-6606-5

1. Auflage 2012

Vorwort

Das vorliegende Buch hat seinen Ursprung in einer Diplomarbeit, ist aber weit mehr. Nicht nur, dass seine umfassende Perspektive den üblichen Anspruch einer wissenschaftlichen Arbeit übersteigt, auch die Gründlichkeit geht über das Erwartbare hinaus. Der Leser merkt es an vielen Stellen: vage Definitionen und ungenaue Angaben aus mancher existierender Literatur genügten der Autorin nicht. Sie strebt schon bei der Eingrenzung des Phänomens an, eine handfestere Definition und Erklärung zu entwickeln. Was ist im Zeitalter des Smartphones überhaupt noch Mobile Payment, was eher ein Online-Einkauf? Hierauf gibt es keine einfachen Antworten, und Sarah Leschik beansprucht sichtlich mehr Gründlichkeit.

Das herausragende Verdienst des Buches ist aber, das Thema Mobile Payment tiefgehend aber ohne die zumeist implizite Annahme zu behandeln, dass Bezahlen mit dem Handy in Zukunft unausweichlich oder notwendig sei. Mobile Geräte können immer mehr, doch müssen sie das alles können? Wie das vorliegende Werk zeigt, sind etliche Mobile Payment-Verfahren nicht an technischen Problemen gescheitert, sondern weil sie den Nutzern wenig nutzten. So ist die Frage, „Wer braucht das eigentlich?“ berechtigt, besonders wenn man nicht zur Gruppe der Technik-nerds gehört.

Geld ist der Kitt der Marktwirtschaft, und mit Bankkarten, Kreditkarten, Lastschrift, Online-Überweisung und Bargeld – um nur ein paar zu nennen - stehen Menschen heute viele verschiedene Bezahlverfahren im Alltag zur Verfügung. Wie soll das Handy den Zahlungsverkehr verbessern? Sind nicht Bargeld und Bankkarte auch schon irgendwie „mobile“ Bezahlverfahren, da sie (fast) überall und jederzeit einsetzbar sind? Würde Mobile Payment das Leben unbedingt leichter machen? Gerade weil die Autorin sich die Sicht des Anwenders auf Mobile Payment zu eigen gemacht hat, und daher oft eine kritischere Betrachtung neuer Verfahren bietet, kann sie neue Erkenntnisse über die Erfolgsaussichten für das Handy als Zahlungsmittel bieten.

Als bisher erfolgreichstes Mobile Payment-Verfahren muss wohl M-Pesa in Kenia gelten, dem Sarah Leschik einige Seiten widmet. Aus dem Versuch, billiger und leichter Mikrokredite in diesem afrikanischen Land zu vergeben, entstand unbeabsichtigt ein von der Mehrheit der Kenianer angenommenes vielseitiges mobiles Bezahlverfahren. Mikrokredite haben in Entwicklungsländern nie ihr armutslinderndes Versprechen erfüllt, und es ist bezeichnend, dass viele Kenianer ihre erste Berührung mit elektronischem Geld nur durch den Versuch, ihnen vereinfacht Schulden zu vermitteln, erfahren haben. M-Pesa beweist daher umso eindrücklicher die Kreativität der Anwender im Umgang mit den ihnen gebotenen Technologien, die sie lieber dazu nutzten, bargeldlos zu bezahlen, Einkünfte nach Hause aufs Land zu senden, oder Geld sicher zu verwahren, anstatt Schulden aufzunehmen. M-Pesa ist der deutlichste Beleg dafür, dass erfolgreiches Mobile Payment nicht auf Hochtechnologie oder originelle Gimmicks setzen muss. Ein billiges Handy, SIM-Karte, PIN und ein Annahmekiosk an der Straßenecke reichten aus, um Millionen von Kenianern ein vielseitiges Äquivalent zum Bankkonto zu bieten. Wahrer Erfolg im Mobile Payment bedeutet, unerfüllte Bedürfnisse zu befriedigen und echten Mehrwert zu bieten.

Dies alles bedeutet nicht, dass in dem vorliegenden Buch die Technik zu kurz käme. Die Klassifizierungskriterien für Mobile Payment-Systeme, die am Anfang herausgearbeitet werden, bauen ein feinmaschiges Analyseraster und behandeln Entwicklungen am derzeitigen Technologiehorizont. Doch die Stärke des Buches liegt in seinem integrativen Ansatz, der mit gesundem Menschenverstand das technische Wissen mit Markt- und Gesellschaftsanalyse zusammenführt. So basieren Analyse und Vergleich von drei Mobile Payment-Verfahren in Deutschland sowohl auf einer technischen Klassifizierung als auch auf einem Verständnis der Kunden- und Händleranforderungen, soziodemographischer Faktoren und rechtlicher Aspekte. Die Betrachtung Deutschlands im internationalen Kontext wiederum spiegelt die einleuchtende Erkenntnis wider, dass heutzutage kein Markt und keine Gesellschaft mehr für sich betrachtet werden kann, und gerade im Technologiebereich globale Entwicklungen und Akteure für Neuerungen entscheidend sein können.

Kurzum leistet dieses Buch einen wichtigen Beitrag zur Frage, was das Mobiltelefon an gesellschaftlichem Mehrwert leisten kann, und wie sein Potenzial ausgeschöpft werden könnte. Hier stehen zu Recht weniger die Möglichkeiten der Technologie als die Bedürfnisse des Menschen im Mittelpunkt.

Köln, im August 2012

Philip Mader ist Forscher am Max-Planck-Institut für Gesellschaftsforschung in Köln.

Inhaltsverzeichnis

Tabellen- und Abbildungsverzeichnis

Tabellenverzeichnis:

Abbildungsverzeichnis:

Abkürzungsverzeichnis

2G	zweite Generation
3G	dritte Generation
1D-Code	Eindimensionaler Code
2D-Code	Zweidimensionaler Code
AES	Advanced Encryption Standard
BDSG 4.3.2	Bundesdatenschutzgesetz
BGB	Bürgerliches Gesetzbuch
BMWi	Bundeswirtschaftsministeriums
Brew	Binary Runtime Environment for Wireless
BS	Betriebssystem
C2C	Customer-to-Customer
DES	Data Encryption Standard
DFID	Department for International Development
DH	Diffie-Hellman-Verfahren
DK	Deutscher Kreditausschuss
E-Business	Electronic Business
E-Commerce	Electronic Commerce
EEPROM	Electrically Erasable Programmable Read Only Memory
EG	Europäische Gemeinschaft
E-Geld	Elektronisches Geld
EMV	Europay International (heute MasterCard Europe), MasterCard, VISA
E-Payment	Electronic Payment
EU	Europäische Union
GPRS	General Packet Radio Service
GSM	Global System for Mobile Communications
HBCI	Homebanking Computer Interface
HSCSD	High Speed Circuit Switched Data
IDEA	International Data Encryption Algorithm
IEC	International Electrotechnical Commission
IMSI	International Mobile Subscriber Identity
iOS	Apple Betriebssystem
ISO	International Organization for Standardization
ITU	International Telecommunication Union
Java ME	Java Platform, Micro Edition
kBit	Kilobit
LBS	Location Based Services
M-Business	Mobile Business
M-Commerce	Mobile Commerce

MFI	Mikrofinanzinstitut
MHz	Megahertz
NDEF	NFC Data Exchange Format
NFC	Near Field Communication
OTP	One-Time-Password
PCI	Peripheral Component Interconnect
PIN	Persönliche Identifikationsnummer
POS	Point-of-Sale
QR-Code	Quick Response Code
RFID	Radio Frequency Identification
RSA	Rivest, Shamir, Adleman
s	Sekunde
STK	SIM Application Toolkit
SE	Secure-Element
SigG	Signaturgesetz
SigV	Signaturverordnung
SIM	Subscriber Identity Module
SMS	Short Message Service
SSL	Secure Sockets Layer
TAN	Transaktionsnummer
TCP/IP	Transmission Control Protocol/Internet Protocol
UMTS	Universal Mobile Telecommunications System
USD	Transaktionsnummer
USIM	Universal Subscriber Identity Modul
USSD	Unstructured Supplementary Service Data
WAP	Wireless Application Protocol
WIM	Wireless Identification Modul

1. Einleitung

1.1 Thema

Mitte der 1990er Jahre kamen erste Überlegungen auf, das Mobiltelefon als mobiles Zahlungsmittel einzusetzen.[1] Ausgangspunkt dieser Projekte waren eine bereits hohe und weiter rasant zunehmende Verbreitung von Mobiltelefonen in der Bevölkerung, sowie die zusehende Erfüllung vieler technischer Bedingungen für die Abwicklung von mobilen Bezahlvorgängen. Das Mobiltelefon selbst wurde nicht nur zum mobilen Endgerät zum Telefonieren, sondern bot über seinen ursprünglichen Zweck hinaus auch eine wachsende Vielfalt von Zusatzfeatures, wie SMS, Fotografie, Internetzugang oder den Austausch von Dateien per lokaler Verbindungen. Von dort war es nur noch ein kleiner logischer Schritt hin zum Einsatz des Mobiltelefons zum Bezahlen von Produkten, um das Mitführen von Kredit- oder Bankkarten und Bargeld abzulösen.[2]

Damalige Studien prognostizierten, dass das weltweite Transaktionsvolumen von Mobile Payment-Verfahren im Jahr 2003 bei 3,2 Milliarden USD liegen und bis zum Jahr 2008 auf 37,1 Milliarden USD steigen würde.[3] Aus heutiger Sicht stellen sich jedoch die damaligen Prognosen als äußerst optimistisch heraus. Mobile Payment-Umsätze sind zwar in den letzten Jahren gestiegen, das Wachstum liegt aber weit hinter den Erwartungen zurück.[4] Insbesondere in Deutschland blieb der erwartete Erfolg aus, obwohl wichtige Grundvoraussetzungen inzwischen erfüllt sind, wie in den Kapiteln 2 bis 4 „Klassifizierungskriterien“ aufgezeigt wird.[5] Überdies ergeben sich durch eine wachsende Vielfalt von Übertragungswegen wie GPRS, UMTS und Bluetooth, sowie dem in jüngeren Jahren entwickelte NFC, neue Schnittstellen, über die mobile Zahlungen stattfinden können.[6]

Dennoch stehen Banken, Kreditkartenorganisationen, Mobilfunkbetreiber, Händler und Start-Up-Unternehmen[7] in Deutschland nach mehrfachen Fehlschlägen bei der Einführung von Mobile Payment-Verfahren dem Thema eher pessimistisch gegenüber. Die ehemaligen Verfechter haben eine vergleichbar passive Haltung eingenommen.[8] In

1 Vgl. Haberland, 2010
2 Vgl. Schweikle, 2009, S. 284
3 Vgl. Arthur D. Little, 2004
4 Vgl. Karlsson & Taga, 2006, S. 73
5 Vgl. Hans, 2009, S. 12
6 Vgl. Henkel, 2002, S. 329
7 Vgl. Contius & Martignoni, 2003, S. 63
8 Vgl. Schweikle, 2009, S. 284

Tabelle 1 sind einige gegenwärtige und bereits gescheiterte Mobile Payment-Lösungen in Deutschland aufgelistet.

Name des Verfahrens	Bezahlverfahren	Marktteilnehmer	Markteintritt, (evtl. Markt-austritt)[9]
Touch&Travel	Lastschrift, Kreditkarte	Deutsche Bahn und Partner	Pilotphase seit 2007; Regelbetrieb seit 11/2011
Bump to Send Money	Überweisung	PayPal	2010
mpass	Lastschrift	O_2, Vodafone, Deutsche Tele-kom	2008
luupay	Lastschrift, Überwei-sung, Kreditkarte	Start-Up-Unternehmen	2006(-2009)
Crandy (PayItMobile)	e-Geld	Start-Up-Unternehmen	2004(-2009)
moxmo	Lastschrift	ABN AMRO Bank	2003(-2004)
simpay	Mobilfunkabrechnung, Kreditkarte	Orange, Te-lefónica Móviles, T-Mobile und Vodafone	2003(-2005)
mopay	Mobilfunkabrechnung	Start-Up-Unternehmen	2003
m-pay	Mobilfunkabrechnung	Vodafone	2002
Geldhandy	Lastschrift	Start-Up-Unternehmen	2002
paybox	Lastschrift, Mobilfunkabrechnung	Start-Up-Unternehmen	2001(-2003)
Paysafecard	e-Geld	Start-Up-Unternehmen	2000

Tabelle 1: Übersicht über ausgewählte Mobile Payment-Lösungen in Deutschland

9 Der Markteintritt- und austritt bezieht sich nur auf Deutschland.

Datenquelle: Contius & Martignoni, 2003, S. 63, 67; Degrell, 2004, S. 12; Deutsche Bahn AG, 2012a; PayPal (Europe) S.à r.l. & Cie, S.C.A., 2010b; Pousttchi, Selk, & Turowski, 2002, S. 59-63; Seidel, 2010; Vodafone D2 GmbH, Telefónica O_2 Germany GmbH & Co. OHG & Telekom Deutschland GmbH, 2012b

In anderen Ländern wie beispielsweise Singapur, Japan, Österreich,[10] und allen voran Kenia hingegen sind Mobile Payment-Lösungen bereits eingeführt und von der Bevölkerung im Alltag verbreitet akzeptiert worden. Dabei zeigen die deutschen Endverbraucher seit Jahren ein hohes Interesse an Mobile Payment-Innovationen. Schon im Jahr 2004 konnten sich 50 Prozent der Handybesitzer einer Umfrage des Bundeswirtschaftsministeriums (BMWi) zufolge vorstellen, Dienste oder Waren mit ihrem Handy zu bezahlen.[11] Eine weitere Studie des Bundesverbands Informationswirtschaft, Telekommunikation und neue Medien e.V. (BITKOM) aus dem Jahre 2010 zeigt, dass insgesamt 43 % der Mobiltelefonbesitzer bereit wären, ihr Handy als Zahlungsmittel zu nutzen; unter den 14- bis 29-Jährigen sogar 75 Prozent.[12]

Doch dieser von den Nutzern bekundeten Bereitschaft steht offenbar kein passendes Angebot gegenüber. Da sich bisher kein mobiles Bezahlverfahren in Deutschland durchsetzen konnte, erscheint es sinnvoll, den deutschen Markt für Mobile Payment-Lösungen genauer zu analysieren und die Gründe dieses Scheiterns zu erörtern. Dazu ist ein umfassendes Wissen über die zugrunde liegenden Techniken und die Wünsche der Nutzer unabdingbar. Und es lohnt sich, einen Blick ins Ausland zu werfen, um zu erkennen, wie sich manche mobile Bezahlverfahren dort durchsetzen konnten. Nicht zuletzt lassen sich so zukünftige Trends auch in Deutschland erahnen.

Das Hauptanliegen dieses Buches besteht darin, die aktuellen Schwächen und Chancen von Mobile Payment-Verfahren sowohl aus technischer Sicht als auch aus Anwendersicht zu beurteilen und diese (teilweise konkurrierenden) Sichtweisen zusammenzuführen. Nach einer allgemeinen Betrachtung der zugrundeliegenden Technik wird die Frage nach der Praxistauglichkeit von drei aktuellen Verfahren am Fallbeispiel Deutschland diskutiert, und weitere Beispiele aus dem internationalen Kontext untersucht.

Somit werden im Verlauf dieses Buches folgende Fragen beantwortet:

- Wie funktionieren die technischen Verfahren, die Mobile Payment zugrunde liegen?

10 Vgl. Hans, 2009, S. 11

11 Vgl. Bundesministerium für Wirtschaft und Arbeit, 2004, S. 1

12 Vgl. Bundesverband Informationswirtschaft, Telekommunikation und neue Medien e.V., 2010, S. 1

- Welche Mängel und Lücken bestehen innerhalb der existierenden Verfahren?
- In welchem Umfang ist die Nutzung von Mobile Payment-Systemen verbreitet und wie sind die Unterschiede in der Verbreitung zu erklären?
- Welche Ansprüche stellen potenzielle Nutzer (Käufer und Verkäufer) an Mobile Payment-Verfahren?
- Wer sind die an einem Mobile Payment-System beteiligten Institutionen, beziehungsweise wer ist an erfolgreichen Systemen beteiligt?
- Welche Trends lassen sich für die Zukunft erkennen?

1.2 Grundlagen von Mobile Payment

Im Folgenden werden zunächst zur Stärkung des Begriffsverständnisses die zugrundeliegenden Definitionen für mobile Bezahlverfahren vorgestellt. Der anschließende Abschnitt befasst sich mit den unterschiedlichen Zahlungsformen, die bei Mobile Payment eingesetzt werden.

1.2.1 Begriffsdefinition und Kategorisierung

Um auf das Wesen des diskutierten Phänomens genauer einzugehen, werden vorweg einige Grundbegriffe erklärt und Parallelen gezogen zu den weiter unten (in Abschnitt 2.4) vorgestellten Bezahlszenarien. Es sei aber darauf hingewiesen, dass diese Definitionen nicht die einzig möglichen sind, da in den existierenden Literaturquellen oft unterschiedliche Meinungen zur Definition von Mobile Payment und zur Abgrenzung der Begrifflichkeiten vertreten sind. Nachfolgend werden einige Begriffsabgrenzungen dargestellt, die für diese Arbeit am nützlichsten sind.[13]

Als *mobil* wird im Bereich der Telekommunikation der Austausch von Daten oder Signalen beschrieben, bei der die Übertragung drahtlos und ortsunabhängig erfolgt. Mobile Standards der Kommunikationstechniken sind beispielsweise das GSM (Global System for Mobile Communications), Bluetooth, sowie NFC (Near Field Communication); solche Standards sind essentiell für Mobile Payment-Verfahren, da Geräte sonst nicht in Kommunikation miteinander treten können. Eindeutig ist, dass im Mobile Payment ein telefonierfähiges mobiles Gerät (umgangssprachlich auch Handy) zur Bezahlung einer Ware oder Dienstleistung zum Einsatz kommt. Dieser Einsatz kann sowohl im stationären, physischen

13 Vgl. Pousttchi, 2005, S. 7; Pousttchi & Turowski, 2004, S. 1

Handel, wie auch im elektronischen Handel stattfinden. Ob an der Supermarktkasse oder im Online-Shop: wenn das Handy zum Bezahlen eingesetzt wird, sprechen wir von Mobile Payment. Bei der *Abwicklung von Bezahlvorgängen* ist ein Zahlungsverkehrssystem erforderlich. Das Zahlungsverkehrssystem stellt die Infrastruktur dar, die es durch verschiedene Institutionen ermöglicht, Zahlungsmittel vom Zahlungspflichtigen zum -empfänger zu übertragen – das „Payment“ in Mobile Payment.[14]

Da die größten Unklarheiten zwischen Mobile Payment und anderen Zahlungsverfahren im Bereich des elektronischen Handels zu finden sind, erarbeiten wir kurz die Abgrenzung von Mobile Payment gegenüber anderen Bereichen des *E-Business* heraus. Angelehnt an die Definition von Arndt (2006) verstehen wir *Electronic Business* (E-Business) im weitesten Sinne als die Initiierung und Durchführung von Informations- und Transaktionsprozessen mit Unterstützung von Informations- und Kommunikationstechnologien.[15] Der Begriff *Mobile Business* (M-Business) hingegen ist nach Lehner die „Gesamtheit aller Aktivitäten, Prozesse und Anwendungen in Unternehmen (...), welche mit mobilen Technologien durchgeführt oder unterstützt werden“[16]. Mobile Payment wird oft in diese Bereiche eingeordnet; aber auch im stationären Handel sowie außerhalb von Geschäftsbeziehungen kann das Handy als Zahlungsmittel eingesetzt werden, und viele Verfahren zielen auf diese Anwendungsbereiche ab. Dahingegen bezeichnet *Electronic Commerce* (E-Commerce, EC) einen weiteren Bereich. Nach Pousttchi und Turowski beinhaltet es „jede Art von geschäftlicher Transaktion, bei der die Transaktionspartner im Rahmen von Leistungsanbahnung, Leistungsvereinbarung oder Leistungserbringung elektronische Kommunikationstechniken einsetzen“[17].

Der Begriff *Mobile Commerce* wird des Öfteren in der Literatur als eine weitere Form des E-Commerce dargestellt, die dem E-Commerce unterzuordnen sei.[18] Andere Autoren bezeichnen M-Commerce als weitgehend unabhängig und eine vom E-Commerce losgelöste, sich parallel entwickelnde Alternative.[19] Trotz der unterschiedlichen Meinungen zur Definition von M-Commerce sind sich aber alle bekannten Autoren darüber einig, dass M-Commerce der Einsatz von *mobilen* Endgeräten bei der Anbahnung, Aushandlung und Abwicklung von Geschäftsprozessen ist.[20] Insofern ist M-Commerce eng mit Mobile Payment verwandt, aber nicht gleichzusetzen.

14 Vgl. Pousttchi, 2005, S. 13
15 Vgl. Arndt, 2006, S. 187
16 Lehner, 2002, S. 6
17 Pousttchi & Turowski, 2004, S. 1
18 Vgl. Lehner, 2003, S. 10
19 Vgl. Lehner, 2002, S. 7-8
20 Vgl. Degrell, 2004, S. 5-6

Hiermit ist jedoch Mobile Payment noch nicht klar eingegrenzt, insbesondere da es um die Zahlung *an sich*, und nicht um die Geschäftsabwicklung im weiteren Sinne geht. Unter *Mobile Payment* ist daher nach einigen Autoren „diejenige Art der Abwicklung von Bezahlvorgängen, bei der im Rahmen eines elektronischen Verfahrens mindestens einer der Transaktionspartner mobile Kommunikationstechniken in Verbindung mit mobilen Endgeräten einsetzt“ zu verstehen[21]. Jedoch schränkt diese Definition Mobile Payment scheinbar auf den Rahmen des elektronischen Handels ein, obwohl der Einsatz von mobilen Geräten zur Zahlung auch in anderen Transaktionen denkbar ist und praktiziert wird. Eine eigene umfassende und dennoch klare Definition, wie sie hier entworfen wird, wird die korrekte Abgrenzung ermöglichen.

Aus der Literatur lassen sich vier Anwendungsbereiche erkennen: grob unterteilt zwei in der "realen Welt", erstens der stationäre Handel und zweitens die Interaktion von Menschen an einem Ort (C2C); sowie zwei in der "virtuellen Welt", erstens der Internetkauf (E-Commerce) und zweitens der Kauf von Dienstleistungen und Produkten für das mobile Gerät selbst (M-Commerce). In allen vier Bereichen könnte die Zahlung auch ohne das Handy abgewickelt werden, aber sobald das mobile Endgerät zur Zahlung zum Einsatz kommt, sprechen wir von Mobile Payment. Hierbei sind die genauen Grenzen jedoch in der Praxis manchmal schwer zu ziehen (wie in der untenstehenden Abbildung 1 durch Striche gekennzeichnet), doch in den kommenden Stichpunkten werden die Unterscheidungen erklärt und die unklaren Bereiche untersucht.

21 Khodawandi, Pousttchi, & Wiedemann, 2003, S. 42

Abbildung 1: Begriffsabgrenzungen

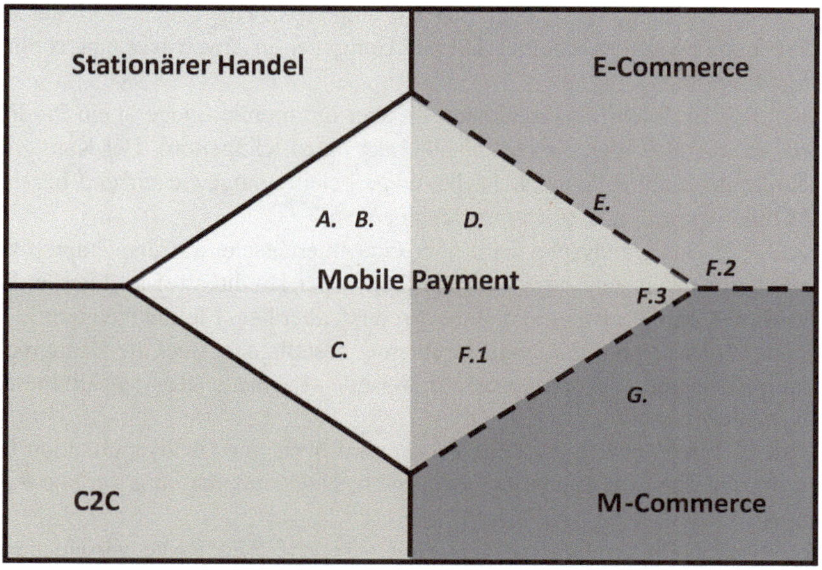

Eigene Darstellung

- Fall A: Eine Kundin in einem Supermarkt kauft Produkte, die sie weder mit Bargeld noch durch Vorzeigen einer Bank- oder Kreditkarte bezahlt. Stattdessen wird der Zahlungsvorgang an der Kasse über ein mobiles Bezahlverfahren abgewickelt: Mobile Payment im stationären Handel.
- Fall B: Ein Kunde bezahlt mit dem mobilen Endgerät bspw. ein Ticket für eine Bahnfahrt an einem Automaten, wodurch ihm eine Fahrkarte ausgestellt wird. Das Handy tritt als Zahlungsmedium an einem stationären Automaten auf.
- Fall C: Ein Nutzer eines mobilen Endgeräts überträgt einem anderen Nutzer über die Geräte einen Geldbetrag (möglicherweise zum Begleichen einer gemeinsamen Restaurantrechnung): Mobile Payment zwischen zwei Privatpersonen.
- Fall D: Bei einem Online-Einkauf am Laptop wird zur Zahlungsabwicklung ein mobiles Zahlungsverfahren eingesetzt. Die Ware wird zwar über das Internet am stationären Gerät bestellt, aber die *Bezahlung* mit einem mobilen Endgerät durchgeführt oder bestätigt: Mobile Payment im E-Commerce.
- Fall E: Hier wird es etwas komplizierter. Eine Kundin nutzt ein internetfähiges Handy, um unterwegs Einkäufe zu tätigen. In einem Onlineshop bestellt sie Produkte und zahlt sie über das Internet (bspw. per Kreditkarte). Somit

kam der *Kauf* zwar durch ein mobiles Endgerät zustande, aber die Zahlung wurde durch ein nicht an dieses Gerät gebundenes Verfahren abgewickelt: Mobile Payment; oder doch nur E-Commerce? Die zunehmend unklare Trennung zwischen Mobiltelefon und Computer erschwert hier eine endgültige Einordnung.

- Fall F.1: Ein Mobilfunkkunde bestellt über das mobile Endgerät ein Produkt *für* das Gerät (bspw. ein Handyspiel oder einen Klingelton). Der Kauf wird durch das mobile Endgerät in die Wege geleitet, abgewickelt und bezahlt: Mobile Payment und M-Commerce in einem.
- Fall F.2: Das Handyspiel wird über eine Internetseite auf dem Laptop bestellt, auf das Handy gesendet, und (bspw. per Kreditkarte) im Internet bezahlt: E-Commerce für ein mobiles Produkt, aber kein Mobile Payment.
- Fall F.3: Das Handyspiel wird im Internet bestellt, aber über die Handyrechnung bezahlt: E-Commerce *mit* Mobile Payment für M-Commerce-Dienstleistungen?
- Fall G: Eine Ware (bspw. eine Pizza) wird über eine Handyapplikation bestellt und dann bei Lieferung bar bezahlt: M-Commerce ohne Mobile Payment.

Somit beschreibt Mobile Payment als Überbegriff eine Reihe verschiedener Formen von Transaktionen, bei denen ein telefonierfähiges mobiles Gerät *zur Zahlung* eingesetzt wird. Die Abgrenzung ist jedoch nicht immer ganz eindeutig zu betreiben, insbesondere wegen der zunehmenden Mobilität von internetfähigen Geräten, wie Tablet-PC`s und Smartphones, die ortsungebundene Zahlungen über das Internet abwickeln können. Hierbei wirken die mobilen Geräte jedoch eher als tragbarer Ersatz für den heimischen PC, anstelle als eigenständiger und neuartiger Zahlungsträger. So richtet sich das Haupt-Augenmerk dieses Buches auf den Ursprungsgedanken des Mobile Payment, nach dem das Handy andere Zahlungsträger ersetzen sollte: knapp formuliert, das Handy als Geldbörse.

1.2.2 Zahlungsmittel

Eigentumsübertragungen bzw. Erbringung von Dienstleistungen werden in Marktwirtschaften typischerweise mit Zahlungsmitteln beglichen. Zahlungsmittel sind im Allgemeinen Tauschmittel, die sich wechselweise in Bargeld, Buchgeld (Giralgeld) oder elektronischem Geld darstellen und das Austauschen von Gütern vereinfachen indem sie an die Stelle von Gütern im Gegenwert treten.

Unter *Bargeld* sind Banknoten oder Münzen zu verstehen, wie sie im jeweiligen Land als gesetzliches Zahlungsmittel behandelt werden. Das bedeutet, dass für einen vereinbarten Tausch eine generelle Annahmepflicht dieser Währung besteht und sie von jedermann in Zahlung genommen werden muss, sofern die Vertragsparteien nichts anderes vereinbart haben.[22]

Buchgeld (Giralgeld) sind Geldbeträge, die auf Giro- und Kontokorrentkonten als liquidierbares Sichtguthaben aus Einzahlungen oder Kreditgewährungen zur Verfügung stehen. Guthaben auf Spar- oder Termineinlagen sind beispielsweise kein Buchgeld.[23] Das Giralgeld wird in einer Art Kreislauf von Konto zu Konto weitergegeben.[24]

Elektronisches Geld (e-Geld, e-Money) sind monetäre Geldbeträge, die auf einem Datenträger, z.B. auf einem Mikroprozessor- oder Speicherchip, gespeichert sind und deren Wert zum Zahlungszeitpunkt über Netzwerke oder mittels einem Endgerät dekrementiert wird.[25] Zahlungen mit elektronischem Geld werden meist durch typische Instrumente des Zahlungsverkehrs wie Überweisung, Lastschrift oder der Kreditkarte, ausgeführt. Erfolgt die Speicherung von Guthaben auf einer Chipkarte, handelt es sich um *Kartengeld*.[26]

Im Gegensatz zum Zahlungsmittel Bargeld, sind Instrumente für die Übertragung von e-Geld und Buchgeld für das Mobile Payment wesentlich.[27] Wie in Abbildung 2 zu sehen, existieren einige Instrumente des bargeldlosen Zahlungsverkehrs, um elektronisches Geld und Buchgeld zwischen Zahlungspflichtigen und Zahlungsempfängern zu transferieren. Originäre Zahlungen wie Überweisungen, Lastschriften und Schecks sowie abgeleitete Zahlungsverfahren per Mobiltelefon, über das Internet oder mit Kredit-, Bank-, oder Geldkarten, dienen dazu, Buchgeld vom Zahlungspflichtigen auf den Zahlungsempfänger zu übertragen. Zahlungen mit einer Geldkarte beispielsweise bewirken, dass elektronisches Geld des Zahlungspflichtigen in Buchgeld des Zahlungsempfängers umgewandelt wird.

22 Vgl. Hartmann, 2000, S. 67-68
23 Vgl. Grill & Perczynski, 2003, S. 103-104
24 Vgl. Hartmann, 2000, S. 67-68
25 Vgl. Richtlinie 2000/46/EG, 2000
26 Vgl. Grill & Perczynski, 2003, S. 104
27 Vgl. Pousttchi, 2005, S. 6

Abbildung 2: Kategorisierung von Bezahlverfahren

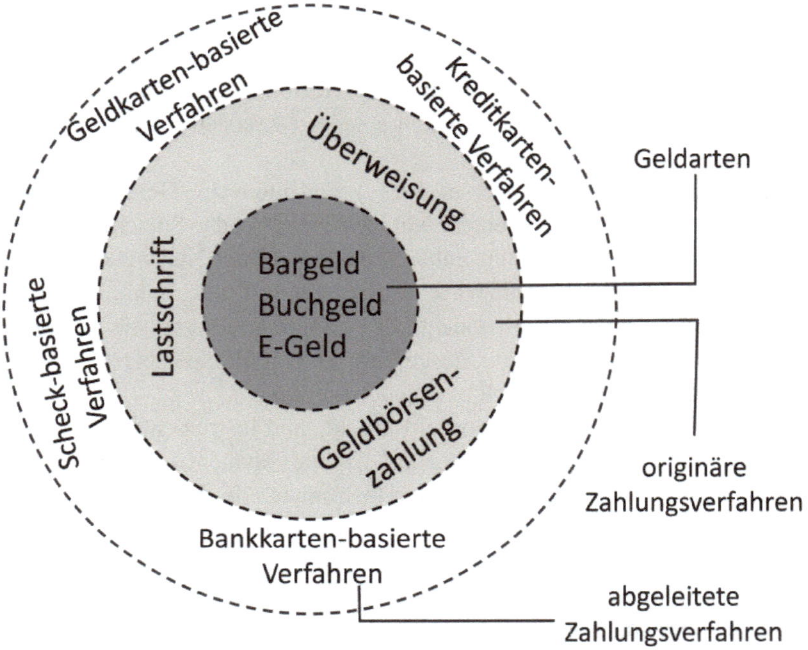

In Anlehnung an: Breitschaft, Krabichler, Stahl, & Wittmann, 2005, S. 6

1.2.3 Akteure

Vom Produktplanungsprozess bis hin zur Markteinführung von Mobile Payment-Verfahren sind verschiedene Akteure beteiligt, deren Interessensüberschneidungen und -konflikte zu unterschiedlichen technischen und organisationalen Umsetzungen führen können. Aufgrund der hohen Sicherheitsbestimmungen und der technischen Komplexität im Zahlungsverkehr, die mit den technischen Voraussetzungen von Mobilfunkgeräten und -netzen in Einklang gebracht werden müssen, ist die Expertise von Akteuren aus den Bereichen Mobilfunk, Hardware und Zahlungsverkehr gefordert.

Im Folgenden werden die Rollen dieser drei Akteursgruppen genauer beschrieben und ihre etwaigen Interessen an der Umsetzung von Mobile Payment - Lösungen untersucht. Diese Gruppen von Akteuren treten in den weiteren Kapiteln immer wieder in Erscheinung.

Die bislang innovationstreibenden Unternehmen im Bereich der Mobile Payment-Verfahren haben oft zur Gruppe der *Mobilfunknetzbetreiber* gehört. Sie bieten privaten Endkunden und Unternehmen die Nutzung des Mobilfunknetzes (z.B. UMTS) und Mobilfunkdienste (z.B. SMS) an. Mobilfunknetzbetreiber haben viel direkten Kundenkontakt und können in vielen Fällen mitentscheiden, welche Geräte den Kunden angeboten werden (und damit auch, welche eingebauten Technologien die Kunden erreichen). Zudem besteht zwischen ihnen und den Kunden ein direkter Zahlungskontakt, durch den auch Mobile Payment-Dienste abgerechnet werden können.

Allein schon aufgrund ihrer strategischen Position haben Mobilfunknetzbetreiber ein potenzielles Interesse daran, ihren Kunden Mobile Payment-Verfahren anzubieten. Im Wettbewerb verschiedener Netzte könnten Anbieter eines mobilen Bezahlverfahrens eventuell durch ihr Alleinstellungsmerkmal neue Kunden gewinnen oder bestehende Kunden halten. Zusätzliche Gebühren für den Service könnten eine weitere Einnahmequelle darstellen. Zudem könnten die Netzbetreiber durch die Bündelung von Mobile Payment-Diensten mit anderen Angeboten ihren Absatz dieser Produkte erhöhen (bspw. Mobile Payment nur mit gleichzeitiger Buchung des UMTS-Dienstes).

Eine zweite wichtige Gruppe sind unterschiedliche *Hardwarehersteller*, unter denen Endgerätehersteller – Produzenten von Handys und ähnlichen Geräten – eine herausragende Stellung einnehmen. Teils in Zusammenarbeit mit Netzbetreibern (bei Vertragsverkäufen des Mobilfunkgerätes) und teils durch direkten Vertrieb ihrer Produkte stehen die Mobilfunkgerätehersteller in Kontakt mit den Endkunden und bestimmen die Vielfalt der im Markt vorgefundenen Geräte. Ihre Ausstattungsentscheidungen können erheblich beeinflussen, welche technologischen Umsetzungen von mobilen Zahlungsverfahren letztendlich in der Praxis möglich sind. Hinter den Mobilfunkgeräteherstellern stehen wiederum diverse Zulieferunternehmen und Teilehersteller wie Halbleiterunternehmen, welche die technologische Entwicklung mitbestimmen. Ebenso beteiligt sind die Produzenten von zusätzlicher Hardware für Mobiltelefone wie beispielsweise Chipkarten, sowie die Produzenten von Point-of-Sale (POS) Terminals, mit denen das Endgerät des Nutzers kommunizieren muss.

In der Konkurrenz um die Kaufentscheidung des Verbrauchers streben die Hersteller der Endgeräte danach, nachgefragte Technologien möglichst kostengünstig anzubieten und weniger nachgefragte – oder noch nicht bekannte – Technologie aus Kostengründen auszusparen. Wiederum haben einzelne Gerätehersteller ein Interesse daran, von ihnen entwickelte Standards und Technologien für bestimmte Anwendungen durchzusetzen (und andere zu blockieren). Vorstellbar ist, dass Kunden jene Produkte wählen, die ihnen die Teilnahme an neuartigen Verfahren – beispielsweise bequemeren oder sichereren Mobile Payment-Verfahren – ermöglichen, und dass Hersteller ihrerseits nach neuen Möglichkeiten suchen, die von ihnen entwickelten Technologien in Verfahren umzusetzen. Hierbei bietet sich für sie die Zusammenarbeit und Abstimmung mit den Mobilfunkanbietern sowie Finanzintermediären an.

Banken und Kreditkartenorganisationen stellen als *Finanzintermediäre* die Infrastruktur für einen reibungslosen, einfachen und sicheren Zahlungsverkehr (meist elektronisch) her. Hierbei ermöglichen sie Zahlungen auch ohne die Verwendung von Bargeld, womit sie den Grundgedanken des Mobile Payment – das bargeldlose Zahlen –schon in gewisser Weise in die Praxis umsetzen. Dahinter steht eine aufwändige Infrastruktur, sowie die Zusammenarbeit mit diversen Aufsichtsbehörden und die Erfüllung gesetzlicher Pflichten, nebst dem Erwerb des notwendigen legalen Status, um Finanzintermediationsgeschäfte zu tätigen.

Hierdurch sind Banken und Kreditkarteninstitutionen hervorragend positioniert, um den Zahlungsverkehr in Mobile Payment-Verfahren abzuwickeln, und können (beispielsweise für Netzbetreiber) attraktive Partner darstellen. Selbstverständlich könnten die Finanzintermediäre sich durch das Angebot einer Mobile Payment-Option gesteigerte Attraktivität für die Kunden ausmalen – beispielsweise für Jugendliche, die bisherige Zahlungsverkehrsangebote nur in geringem Maße nutzen.[28] Das wichtigste Interesse der Finanzintermediäre an Mobile Payment dürfte jedoch eher im Erhalt ihres bisherigen Geschäftsmodells, für elektronische Geldtransfers Gebühren einzunehmen, liegen. „Wer die Karte hat, hat den Kunden", lautet ein geflügeltes Wort im Verbraucherfinanzsektor, und eigenständige Mobile Payment-Systeme könnten eine ernstzunehmende Konkurrenz zur Kredit- oder Bankkartenzahlung darstellen. Deshalb ist unter den Kartenherausgebern teils ein erhebliches Interesse zu erkennen, an neuen Verfahren beteiligt zu sein, oder ihre bestehenden Kartensysteme in Mobile Payment-Lösungen einzubinden.

1.3 Aufbau des Buchs

Der erste Teil dieses Buchs richtet sich an Leser mit einem Interesse an den technologischen Grundvoraussetzungen und entwirft in drei Kapiteln eine umfassende Klassifizierung von Mobile Payment-Verfahren. Kapitel 2 beginnt hier mit einer Klassifizierung von Mobile Payment-Systemen nach ihrer Positionierung im Zahlungsablauf. Es werden Belastungszeitpunkt und Umsatzhöhe der Zahlungen besprochen, und es wird untersucht, wie das Handy als Zahlungsmittel auf existierende Zahlungsverfahren zurückgreift, sowie in welchen Bezahlszenarien es zum Einsatz kommt.

28 Vg. Karlsson, J., & Taga, K., 2006, S,76

Kapitel 3 untersucht die Technologien, die Mobile Payment-Verfahren zugrunde liegen. Im Mobile Payment kommen verschiedene Technologien zur Authentifizierung des Bezahlvorgangs zum Einsatz, beispielsweise Scan-Codes oder biometrische Verfahren. Wie auf die Chip-Karte zugegriffen wird, und welche Übertragungstechnologien bei der Zahlung zum Einsatz kommen, sind weitere Klassifizierungskriterien. Hier wird auch die Übertragung von Daten per Near Field Communication (NFC), die vielen aktuellen und geplanten Verfahren zugrunde liegt, eingehend besprochen. Zudem werden Verschlüsselungstechniken im Rahmen der Datenübertragungssicherheit untersucht, und die Einschränkungen und Möglichkeiten, die sich aus verschiedenen Endgeräten und Betriebssystemen ergeben, diskutiert.

Das vierte Kapitel entwirft letztlich vier Klassifizierungskriterien auf Basis der Nutzerwünsche. Nutzer wünschen sich nicht nur benutzerfreundliche, also einfach und schnell handhabbare Systeme, sondern dabei auch die Gewährleistung der Vertraulichkeit ihrer Daten. Somit sind dies zwei wichtige Klassifizierungskriterien. Zudem ist der Verbreitungsgrad eines Mobile Payment-Verfahrens ein wichtiges Kriterium für die Nutzer bei der Entscheidung, ob sie an dem Verfahren teilnehmen möchten. Zudem sollen Mobile Payment-Systeme nach ihrer Kostenstruktur für Zahlungspflichtigen und Zahlungsempfänger klassifiziert werden.

Der zweite Teil des Buchs richtet sich an Leser mit einem verstärkten Interesse an der Umsetzung von Mobile Payment-Verfahren in die Praxis. Als erstes in diesem Teil untersucht Kapitel 5 im Falle Deutschlands die Rahmenbedingungen und die Akzeptanz von Mobile Payment-Systemen. Hierbei werden mit Hilfe von jüngeren Studien die Anforderungen von Kunden und Händlern an Bezahlverfahren besprochen. Daraufhin wird die tatsächliche Nutzung von verschiedenen Zahlungsmethoden erörtert, und teils mit Rückgriff auf soziologische Forschungsergebnisse die Bereitschaft verschiedener Bevölkerungsgruppen, neue Zahlungsverfahren wie Mobile Payment anzunehmen, untersucht. Zuletzt wird ein kurzer Blick auf den rechtlichen Rahmen für Mobile Payment-Verfahren in Deutschland geworfen.

Das sechste Kapitel untersucht drei aktuelle Anwendungsfälle von Mobile Payment in Deutschland, und wendet die Klassifizierungskriterien aus Kapitel 2 bis 4 als Analyseschema an. Die drei Anwendungsbeispiele sind „mpass“, „Touch&Travel“ und „Bump to Send Money“; sie gehören zu den wenigen in Deutschland überhaupt verfügbaren Mobile Payment-Verfahren. mpass ist ein seit 2008 verfügbares mobiles Bezahlsystem der Mobilfunkanbieter O_2, Vodafone und Deutsche Telekom. Das Verfahren Touch&Travel ist ein Fahrkartenverkaufssystem der Deutschen Bahn AG, das auf NFC-Übertragung an Automaten setzt. Bump to Send Money ist zwar kein spezifisch deutsches System, aber als einziges in Deutschland verfügbares Mobile Payment-Verfahren für C2C-Anwendungen untersuchenswert.

Kapitel 7 schaut – nach der bescheidenen Bilanz von Mobile Payment in Deutschland – auf Erfolgsfälle und Trends im Ausland. Es untersucht, welche Umsetzungen sich bislang bewährt haben, und in welche Richtungen sich Mobile Payment zukünftig entwickeln dürfte. Das äußerst erfolgreiche System „M-PESA", das den Zahlungsverkehr in Kenia in wenigen Jahren für sich erobert hat, wird vorgestellt, und es wird gefragt, ob es auch in Deutschland eine Zukunft haben könnte. Daraufhin werden andere Systeme in Ländern wie Japan, Österreich, Polen, und Schweden vorgestellt, und mit Hilfe von internationalen Statistiken wird die globale Entwicklung von Mobile Payment in Augenschein genommen. Zum Schluss richten wir unseren Blick auf den Konkurrenzkampf in den USA um das Mobile Payment der Zukunft, der sich zwischen einigen Global Playern abzeichnet, und in dem sich zeigen könnte, wie auch die Zukunft in Deutschland aussieht.

2. Klassifizierungskriterien (I): Zahlungsablauf

Aufgrund der hohen Anzahl einsetzbarer Elemente im Mobile Payment stellt sich die Frage, wie Mobile Payment-Systeme überhaupt sinnvoll klassifiziert und evaluiert werden können. Eine sehr transparente Vorgehensweise zur Typisierung wählen Gerpott sowie Pousttchi et. al.[29] In ihrer Arbeit werden für Mobile Payment-Lösungen eine Reihe technisch möglicher Kriterien identifiziert, die weitgehend frei miteinander kombinierbar sind.[30]

Dieses Buch erweitert die Klassifizierungskriterien von Gerpott und Pousttchi et. al., und bespricht 13 Kriterien[31]. Die 13 Klassifizierungskriterien werden in diesem und beiden nachfolgenden Kapiteln einzeln erläutert (siehe Tabelle 2).

Wir beginnen in diesem Kapitel mit den Klassifizierungskriterien des Zahlungsablaufs, bevor wir in Kapitel 3 auf die technischen Kriterien und in Kapitel 4 auf die Kriterien seitens der Nutzer eingehen. In Kapitel 6 werden dann die hier vorgestellten Klassifizierungskriterien zu einem kompletten theoretischen Analyseraster zusammengefasst, um damit ausgewählte Anwendungsbeispiele zu analysieren.

Kapitel 2	Belastungszeitpunkt	Wann wird der Betrag vom Zahlungspflichtigen eingezogen?
	Umsatzhöhe	Für welche Beträge kann ein Mobile Payment-Verfahren eingesetzt werden?
	Zahlungsverfahren	Auf welche zugrundeliegenden den Zahlungsverfahren greift ein Mobile Payment-System zurück?
	Bezahlszenarien	In welchen Anwendungsbereichen kann das Verfahren eingesetzt werden?

29 Vgl. Gerpott, 2003, S. 179; Pousttchi, Selk, & Turowski, 2002, S. 54-58

30 Vgl. Gerpott, 2003, S. 177-178

31 Der Einfachheit werden in den weiteren Teilen dieser Arbeit die Kosten für Zahlungspflichtigen und Zahlungsempfänger zu einer Kategorie zusammengefasst. Es werden daher außerhalb der Tabellen stets nur 13 Klassifizierungskriterien besprochen.

Kapitel 3	Authentifizierung	Welche Techniken werden zur Authentifizierung von Bezahlvorgängen eingesetzt?
	Kartenzugriff	Wird auf eine Chipkarte zugegriffen; wenn ja, wie?
	Übertragungs-technologie	Welche Daten-Übertragungstechnologien werden verwendet?
	Datenübertragungs-sicherheit	Wie hoch ist die Sicherheit bei der Datenübertragung zur Ausführung der Zahlungen
Kapitel 4	Benutzerfreundlich-keit	Wie einfach und schnell ist das Verfahren in der Anwendung?
	Vertraulichkeit der Daten	Wie gut werden Daten und Identität des Nutzers geschützt?
	Verbreitungsgrad	Wie hoch ist die Verbreitung des Systems unter Händlern und Kunden?
	Endgeräte und Betriebssysteme	Welche mobilen Geräte und Betriebssysteme werden erfordert?
	Kosten für Zahlungsempfänger	Welche Kosten entstehen für den Verkäufer bzw. Zahlungsempfänger?
	Kosten für Zahlungspflichtigen	Welche Kosten entstehen für den Käufer bzw. Zahlungspflichtigen?

Tabelle 2: Übersicht der Klassifizierungskriterien

2.1 Belastungszeitpunkt

Zahlungssysteme werden nach dem Zeitpunkt der Buchung in pay-later, pay-now und pay-before unterteilt (siehe Tabelle 3).

Belastungszeit-punkt	pay-later	pay-now	pay-before/ prepaid

Tabelle 3: Merkmale des Klassifizierungskriteriums Belastungszeitpunkt

Wird der zu bezahlende Betrag erst später eingezogen, handelt es sich um ein *pay-later* Verfahren. Dies ist beispielsweise beim M-Commerce der Fall, wenn der zu bezahlende Betrag erst mit der monatlichen Mobilfunkabrechnung eingezogen wird. Der Zahlungsbetrag wird nicht sofort entrichtet, sondern erst zu einem späteren vereinbarten Zeitpunkt eingezogen. Bei *pay-now* wird die Forderung aus Lieferung und Leistung, die z.B. durch das Mobiletelefon induziert ist, zum gegenwärtigen Zeitpunkt eingezogen. Werden Geldbeträge auf einer vorausbezahlten Wertkarte gespeichert, bevor überhaupt ein Kaufvertrag durch Angebot und Annahme zustande gekommen ist, handelt es sich um *pay-before*. Wertkarten sind zum Beispiel Prepaid-Karten von Mobilfunknetzbetreibern.[32] Die jeweils geschaffenen Mehrwerte durch zeitlich günstige Abrechnungsverfahren in Hinblick auf unterschiedliche Belastungszeitpunkte bei Mobile Payment-Zahlungen könnten die Akzeptanz erhöhen.[33]

2.2 Umsatzhöhe

Eine zweite Überlegung ist die Klassifizierung nach Höhe des Betrags. Auch wenn noch keine allgemein anerkannte einheitliche Begriffsbasis der Betragsdifferenzierungen besteht, haben sich die Begriffe Macropayment, Medium Payment, Micropayment und Picopayment (letzteres auch als Minipayment, Nanopayment oder Millipayment bekannt), durchgesetzt.[34] Die Autoren Dannenberg und Ulrich (siehe Tabelle 4) hingegen grenzen die einzelnen Kategorien mit genauen (aber womöglich etwas arbiträren) Betragsschwellen ab, sodass Zahlungen größer als 500 Euro dem Macropayment zuzuordnen sind, Beträge von 2,50 Euro bis 500 Euro den Medium Payment Bereich bilden, Zahlungen zwischen 5 Cent und 2,50 Euro Micropayment-Zahlungen sind, und Beträge unter 5 Cent zum Picopayment zählen.[35]

Umsatzhöhe	Macro-payment	Medium Payment	Micropayment	Picopayment

Tabelle 4: Merkmale des Klassifizierungskriteriums Umsatzhöhe

2.3 Zahlungsverfahren

Da das Mobiltelefon an sich keine Währung sein kann, oder Werte physisch speichern kann, müssen Mobile Payment-Systeme auf bestehende Verfahren des Zahlungsverkehrs zurückgreifen. Wie in Abbildung 2 auf der Seite 26 zu sehen

32 Vgl. Breitschaft, Krabichler, Stahl, & Wittmann, 2005, S. 5
33 Vgl. Pousttchi, Selk, & Turowski, 2002, S. 56
34 Vgl. Breitschaft, Krabichler, Stahl, & Wittmann, 2005, S. 20
35 Vgl. Dannenberg & Ulrich, 2004, S. 32

war, besteht der Zahlungsverkehr aus sogenannten originären Zahlungsverfahren und abgeleiteten Zahlungsverfahren. Originäre Zahlungsverfahren sind hierbei Methoden, um Bargeld, Buchgeld oder e-Geld vom Zahlungspflichtigen zum Zahlungsempfänger zu übertragen. Abgeleitete Zahlungsverfahren sind diverse Methoden, die Zahlungen einleiten oder durchführen können, die jedoch letztendlich auf eines oder mehrere originäre Zahlungsverfahren zurückgreifen müssen. Es kann daher unterschieden werden zwischen Mobile Payment-Verfahren, die auf verschiedenen abgeleiteten Zahlungsverfahren basieren (siehe Tabelle 5). In vielen Systemen funktioniert das Mobilfunkgerät lediglich als Zugriffsmittel auf eine zugrundeliegende Kreditkarte. In anderen Systemen wird über ein Mobiltelefon eine Scheckzahlung durchgeführt. Oftmals tritt das Handy an die Stelle einer Bankkarte, über die die Zahlung per Lastschrift eingezogen wird, oder das Handy übernimmt die Funktion einer Geldkarte, wo Guthaben vorher aufgeladen wird oder bucht Geld von einem E-Geld-Konto ab (Beispielsweise PayPal-Konto).

Zahlungsverfahren	Kreditkarten-basiert	Bankkarten-basiert	Geldkarten-basiert	Scheck-basiert

Tabelle 5: Merkmale des Klassifizierungskriteriums Zahlungsverfahren

2.4 *Bezahlszenarien*

Mobile Bezahlverfahren lassen sich ebenfalls, wie in Tabelle 6 zu sehen ist, in folgende Anwendungsbereiche einteilen: Zahlungen im Stationären Handel, Zahlungen zwischen Privatpersonen (C2C - "customer to customer"), im Electronic Commerce (EC) und im Mobile Commerce (MC).

Bezahlszenarium	Stationärer Handel		C2C	E-Commerce (EC)	M-Commerce (MC)
	Person	Automat			

Tabelle 6: Merkmale des Klassifizierungskriteriums Bezahlszenarium

Der *stationäre Handel* zählt zu den umsatzstärksten Bereichen (auf Statistikwerte wird im Abschnitt 5.2.1 „Allgemeine Nutzungsstatistiken" eingegangen) und kann in zwei Subszenarien, den klassischen stationären Handel (Stationärer Handel Person) und den Handel am Automaten (Stationärer Handel Automat), gegliedert werden. Während zum klassischen stationären Handel alle Bezahlvorgänge am Händlerterminal in Begleitung eines Kassierers zählen, stellt der Handel per Automat alle Transaktionen dar, die unmittelbar an einem Gerät ohne Begleitung einer Verkaufsperson, beispielsweise an Parkschein-, Zigaretten- oder Fahrkartenautomaten, durchgeführt werden.[36] Mit mobilen Bezahlverfahren ergibt sich nunmehr die Möglichkeit, den kartengestützten bargeldlosen Zahlungsverkehr in beiden Bereichen des stationären Handels durch das Mobiletelefon zu ersetzen bzw. zu ergänzen. Ein aktuelles Pilotprojekt ist das System Touch&Travel der Deutschen Bahn AG: Hierbei benötigt der Anwender ein NFC-fähiges Mobilfunktelefon und kann sich mit diesem Gerät an Touchpoints im Bereich von Bushaltestellen und Bahnhöfen authentifizieren und ein Ticket erwerben.[37]

Zahlungen *zwischen Privatpersonen* (C2C) werden meist über Bargeld oder per Überweisung als Giralgeld abgewickelt.[38] Der Nachteil bei diesen Zahlungsmethoden besteht darin, dass die zahlende Person genügend Bargeld mit sich haben bzw. ein Geldausgabeautomat im Umfeld bereit stehen muss. Eine Überweisung muss hingegen erst bei der Bank eingereicht werden, damit der Zahlungsvorgang gestartet werden kann; anderenfalls hat der Zahlungspflichtige/Zahlungsbereitwillige die Möglichkeit, die Überweisung per Onlinebanking auszuführen. Mobile Payment bietet die Alternative, nicht ortsgebunden und zeitlich unabhängig eine Zahlung ohne weitere Hilfsmittel außer dem Mobiltelefon durchzuführen. Diese Darstellung eröffnet neue Möglichkeiten im C2C-Bereich. Denkbare Szenarien sind etwa die Bezahlung von gemeinsamen Einkäufen oder Restaurantbesuchen, oder allgemein Zahlungen zwischen Personen ohne Kontokorrentkonto.[39] Ein aktuelles Anwendungsbeispiel ist die Applikation von PayPal mit dem Namen „Bump to Send Money" (engl. „anstoßen, um Geld zu senden"). Mit der installierten Software und einem iOS Betriebssystem ergibt sich die Möglichkeit, untereinander elektronisches Geld zu transferieren, indem Mobiltelefone berührt werden (siehe Abschnitt 6.3 für eine detaillierte Auseinandersetzung).[40]

Der Anwendungsbereich *E-Commerce* ist ein wachsender Bereich mit jährlich steigenden Umsatzzahlen.[41] In Bezug auf die vorhergehende Begriffsdefinition zu E-Commerce ließe sich zwar vermuten, dass in diesem Szenarium hauptsächlich elektronische Bezahlvorgänge stattfinden. Doch mehrere Studien, insbesondere eine Studie der Bundesbank von 2009, zeigen das Gegenteil: 74 Prozent der

36 Vgl. Pousttchi & Turowski, 2004, S. 164-165
37 Vgl. Deutsche Bahn AG, 2010a
38 Vgl. Deutsche Bundesbank, 2009, S. 86-87
39 Vgl. Hans, 2009, S. 28
40 Vgl. Schwan, 2010
41 Vgl Handelsverband Deutschland Einzelhandel (HDE), 2010, S. 4

Transkationen im E-Commerce, sogar 80 Prozent nach Umsatzvolumen, werden als Bargeld per Nachnahme, per Lastschrift oder per Überweisung mittels Rechnung oder Vorauskasse durchgeführt.[42] Diese Statistikwerte lassen auf ein mäßiges Vertrauen gegenüber elektronischer Bezahlverfahren, beispielsweise bei der Eingabe persönlicher Konto- und Kartendaten, oder zumindest eine niedrige Akzeptanz schließen.

Das Geschäftsfeld *M-Commerce* befasst sich weitestgehend mit dem Verkauf und Erwerb immaterieller Güter (z.B. Handy-Spiele, Klingeltöne) und der Bereitstellung mobiler Dienste (z.B. SMS, Telefonie). Der monetäre Wert ist meist dem Medium Payment und Micropayment-Bereich zuzuordnen. Durch mobile Zahlungsmöglichkeiten könnte das Geschäftsfeld des M-Commerce ausgeweitet werden, daher wird dem M-Commerce hier eine besonders hohe Relevanz zugesprochen.[43]

Viele Systeme haben sich auf ein Bezahlszenarium, oder sogar nur einen Teilbereich davon, spezialisiert. Für die Nutzer ist jedoch Vielseitigkeit von Vorteil. Daher liegt die Vermutung nahe, dass je umfangreicher die Einsatzmöglichkeiten und Erweiterungsmöglichkeiten auf andere Szenarien (M-Commerce, E-Commerce, stationärer Handel, etc.) sind, desto größer die Wahrscheinlichkeit einer starken Akzeptanz eines Mobile Payment-Systems ist.[44]

42 Vgl. Deutsche Bundesbank, 2009, S. 86-87
43 Vgl. Hans, 2009, S. 26
44 Vgl. Pousttchi, Selk, & Turowski, 2002, S. 55-56

3. Klassifizierungskriterien (II): Technologien

Die Wahl eines mobilen Bezahlverfahrens aus Kunden- oder Verbrauchersicht hängt grundlegend von den technischen Anforderungen des Verfahrens ab. Je höher die technischen Anforderungen bzw. je geringer die Kompatibilität des Bezahlverfahrens mit den zugrundeliegenden technischen Gegebenheiten ist, desto negativer die Voraussetzungen für die Akzeptanz und damit die Verbreitung des Verfahrens. Die erste Einstiegsbarriere besteht, wenn für die Abwicklung des Bezahlvorganges ein bestimmtes (neu anzuschaffendes) Gerät notwendig ist, wie dies beispielsweise für die Nutzung der NFC-Technologie bei vielen Nutzern der Fall ist. Eine ähnliche, jedoch geringfügigere, Einschränkung bezüglich der Geräteabhängigkeit ist die Installation einer speziellen Software oder die Nutzung von webbasierten Diensten. Hier können bei Smartphones bestimmte Betriebssysteme im Falle mangelnder Softwarekompatibilität ebenfalls einschränkend wirken. Weiterhin müssen die technischen Fähigkeiten und Kenntnisse des Nutzers berücksichtigt werden.[45]

Im digitalen Zeitalter bestehen viele verschiedene mobile und elektronische Zahlungsmethoden, die zumeist auf unterschiedliche Techniken zur Gewährleistung der Sicherheit zurückgreifen.[46] Um die Sicherheit der Zahlung zu gewährleisten, finden verschiedene Verfahren Verwendung, welche die übertragenen Daten geheim halten (Vertraulichkeit), die Integrität sicherstellen, den Erhalt der Daten prüfen (Verbindlichkeit) und die Authentizität gewährleisten. Die genannten Punkte (Vertraulichkeit, Integrität, Verbindlichkeit, Authentizität) sind die vier Ziele der Kryptografie, der Wissenschaft der Methoden zur Ver- und Entschlüsselung von Daten.[47]

Neben den Verschlüsselungsverfahren ist die Authentifizierung, also die ausdrückliche Einwilligung seitens des Zahlungspflichtigen, ein weiterer wichtiger Sicherheitsaspekt.[48] Aus diesem Grund werden hier einige Authentifizierungs- und Verschlüsselungsverfahren vorgestellt und in diesem Zusammenhang ausgewählte mobile Übertragungstechnologien besprochen. In diesem Kapitel werden die fünf Kriterien, die von Gerpott und Pousttchi et. al. für die Klassifizierung verschiedener technischer Umsetzungen von Mobile Payment-Verfahren angewandt werden - Authentifizierung, Kartenzugriff, Übertragungstechnologien

45 Vgl. Pousttchi, Selk, & Turowski, 2002, S. 57
46 Vgl. Kretschmar, 2005, S. 15
47 Vgl. Effing & Rankl, 2002, S. 178
48 Vgl. Weber, 2002, S. 7

und Datenübertragungssicherheit - sowie Endgerät und Betriebssystem einzeln vorgestellt.

3.1 Authentifizierung

Die Authentifizierung dient der eindeutigen Identifizierung aller teilnehmenden Akteure, ohne die keine rechtskräftigen elektronischen Vorgänge abgeschlossen werden: Der Kunde könnte so behaupten, keinen Vertrag abgeschlossen zu haben, oder der Händler könnte Zahlungseingänge von bestimmten Kunden abstreiten.[49] Der Zahlende muss dementsprechend eindeutig bekanntgeben, dass er der Zahlung zustimmt; idealerweise unter Verwendung eines Geheimnisses, das nur er kennen kann, oder durch ein unübertragbares persönliches Merkmal.[50] Dies könnte ein biometrisches Verfahren oder eine persönliche Identifikationsnummer (PIN), ggf. mit zusätzlicher Zwei-Faktor-Authentifizierung, sein (siehe Tabelle 7.)[51]

Authentifizierung	Einfache Bestätigung & Statisches Passwort	2-Faktor Authentifizierung			Scan-Code	Biometrische Verfahren	Multichannel
		Grid-Karte	OTP-Liste	OTP-Token			

Tabelle 7: Merkmale des Klassifizierungskriteriums Authentifizierung

3.1.1 Einfache Bestätigung und Statisches Passwort

Die einfachste denkbare Form der Authentifizierung stellt eine Bestätigung nach „Ja/Nein"-Schema dar, die aber offensichtliche Schwächen in der Sicherheit (und damit auch in der Vertragssicherheit) bringt. Eine technisch unkomplizierte Verbesserung der Sicherheit stellt die Authentifizierung mittels eines statischen Passworts (beispielsweise einer PIN) dar, das der Nutzer an seinem Handy oder einem anderen Gerät eingibt. Jedoch haben statische Passwörter den Nachteil, dass ein einmaliges Ausspähen über eine unsichere Verbindung oder durch eine

49 Vgl. Kretschmar, 2005, S. 25
50 Vgl. Weber, 2002, S. 12-13
51 Vgl. Kretschmar, 2005, S. 25

Phishing-Attacke ausreicht, um mit ihnen Missbrauch zu betreiben. Somit verringert sich die Sicherheit eines statischen Passworts mit der Anzahl der Verwendungen.

3.1.2 2 Faktor Authentifizierung

Da statische Passwörter wie die PIN zur eindeutigen Identifizierung nicht ausreichen, wird in der 2-Faktor Authentifizierung ein zweites Verfahren hinzugezogen. Zur 2-Faktor Authentifizierung zählen Grid-Karten, OTP-Token und OTP-Listen (OTP steht für One-Time-Password).

Grid-Karten sind meist Kunststoffkarten im ID-1 Format[52] (die Standardgröße von Bank- und Kreditkarten) mit in einer Tabelle angeordneten Zahlen und Buchstaben. Bei der Authentifizierung wird der Benutzer aufgefordert, jene Buchstaben oder Zahlen, die sich hinter den angeforderten Koordinaten verbergen, einzugeben.[53] Grid-Karten können in der Regel jedoch nur 50 verschiedene Kombinationen haben, so dass ein Angreifer schon nach wenigen Authentisierungsvorgängen die Positionen aller Koordinaten ausspähen kann.[54] Als weitere Alternative zur Grid-Karte gibt es OTP-Listen in Papierform, die vielen Lesern aus dem Online-Banking als TAN-Liste bekannt sein dürften. Die Liste wird mit zufällig generierten Passwörtern ausgestattet, die als zusätzliche Authentifizierung verwendet werden. Ein OTP kann nur einmal verwendet werden, um die Gefahr von Phishing-Attacken oder Trojaner-Angriffen einzugrenzen.[55]

Ein technisch fortgeschrittenes Zwei-Faktor Verfahren ist der OTP-Token, auch Kennwort-Generator genannt. Jeder Token besitzt eine eindeutige Seriennummer und erhält einen symmetrischen Schlüssel, der auch dem Server bekannt ist. Der Token berechnet alle 60 Sekunden einen neuen OTP, der aus dem geheimen AES-Schlüssel (Advanced Encryption Standard) und dem Zeitindex generiert wird.[56] Den eigentlichen Hardware-Token gibt es in Form einer ID-1-Karte oder als Schlüsselanhänger und muss für den Fall einer Authentifizierung von dem Ausweisenden mitgeführt werden.[57] Für mobile Lösungen gibt es auch die Möglichkeit eines Software-Tokens, der auf das Mobilfunkgerät eingerichtet wird. Die EMC Corporation entwickelte solch einen „RSA SecurID Token", der u.a. auf BlackBerrys, Windows Mobile oder iPhones installiert und aktiviert

52 Vgl. Effing & Rankl, 2002, S. 30-31
53 Vgl. CRYPTAS it-Security GmbH AUSTRIA, 2010
54 Vgl. Mitternachtshacking, 2007
55 Vgl. CRYPTAS it-Security GmbH AUSTRIA, 2010
56 Vgl. Eckert, 2008, S. 442-443
57 Vgl. CRYPTAS it-Security GmbH AUSTRIA, 2010

werden kann.[58] Im Markt befinden sich heute über ein Dutzend Anbieter ähnlicher Produkte in Hard- und Softwareform.

3.1.3 Scan-Code

Scan-Codes sind optoelektronisch-lesbare Schriften, die kodierte Daten binär darstellen. Hierbei wird unterschieden zwischen eindimensionalen Codes (1D-Codes), die aus parallel angeordneten, unterschiedlich breiten schwarzen Strichen und weißen Trennlücken bestehen – die klassischen „bar codes" (Strichcodes) aus dem Supermarkt werden jedem Leser bekannt sein – und zweidimensionalen Codes (2D-Codes) bei denen Informationen auf einer Fläche aus schwarzen Strichen, Punkten oder Quadraten kodiert und dargestellt werden.

1D-Codes finden unter anderem bei dem Mobile Payment-Verfahren „FaceCash", welches seit Mai 2010 auf dem US-amerikanischen Markt zur Verfügung steht, Verwendung. Der Anwender legt sich bei FaceCash ein Profil an, um dort seine Konto- und Kreditkartendaten zu hinterlegen. Aus den Daten wird jeweils pro Karte einmalig ein Strichcode erstellt, welcher dann für den Einkauf verwendet werden kann. Der Strichcode wird für den Bezahlvorgang gescannt, und dem Verkäufer wird zur weiteren Authentifizierung das Profilfoto des Karteneigentümers angezeigt.[59]

Die Weiterentwicklung des altbekannten Strichcodes zum 2D-Code ermöglicht die aufnahme größerer Datenmengen in kleinere Flächen, wobei der zweidimensionale Matrixcode als eine Reihe gestapelter eindimensionaler Strichcodes auf mehreren Zeilen gedacht werden kann. Der Vorteil vieler 2D-Code-Formate wie QR-Code, DataMatrix, MaxiCode und Aztec-Code, ist neben der erhöhten Datenkapazität auch die geringere Fehleranfälligkeit bein Auslesen.[60]

58 Vgl. RSA Security, 2010
59 Vgl. Think Computer Corporation, 2012a; Vgl. Think Computer Corporation, 2012b
60 Vgl. Gegen, 2010, S. 36 - 48

Abbildung 3: Vergleich 1D- und 2D-Code

Entnommen aus: Gegen, 2010, S. 41

Der unter den 2D-Codes bislang am häufigsten angetroffene QR-Code (Quick Response Code) wurde 1994 von der japanischen Firma Denso Wave, einem Tochterunternehmen des Automobilproduktionsunternehmens Toyota, entwickelt. Der QR-Code ist eine quadratische Matrix bestehend aus drei Feldbegrenzungen, mindestens einer Orientierungszelle, Taktzellen, Versionsinformation, Datenformat und den kodierten Daten. Mit dem Code können Datenmengen bis zu 2.953 Bytes bestehend aus 7.089 nummerischen Zeichen, 4.296 alphanumerischen Zeichen, oder 1.817 japanischen Kanji-Zeichen gespeichert und abgerufen werden. Hingegen sind beim Strichcode nur maximal 100 Byte Speicherkapazität verfügbar.[61]

Abbildung 4: Bestandteile eines QR-Codes (nicht alle haben alle Bestandteile)

Entnommen aus: Gegen, 2010, S. 43

61 Vgl. Gegen, 2010, S. 36 - 48

Die verschiedenen Datenkapazitäten von 1D-Codes und 2D-Codes lassen sich anhand zweier Beispielcodes darstellen. Der nachfolgende Strichcode und der QR-Code stellen dieselben Informationen dar, wobei der QR-Code erkennbar weniger Raum in Anspruch nimmt, und der Strichcode schon an seine Grenzen stößt.

Abbildung 5: Vergleich Strichcode und QR-Code. Einfach einscannen![62]

Eigene Darstellung

Das Mobile Payment-Verfahren „LevelUp", das im Juli 2011 in den USA startete, verwendet die Technologie des QR-Codes als Authentifizierungsmittel. Das Verfahren verwendet dabei eine mobile Applikation, die auf Smartphones mit Android- oder iOS-Betriebssystemen installiert, oder andernfalls über einen Browser aufgerufen werden kann. Zur eindeutigen Authentifizierung erhält der Anwender über seine App einen für ihn erstellten QR-Code. Beim Bezahlvorgang ruft der Käufer diesen QR-Code auf seinem Mobiltelefon auf und lässt diesen Code vom Smartphone des Verkäufers einscannen.[63]

3.1.4 Biometrische Verfahren

Biometrische Verfahren basieren auf den einzigartigen, persönlichen, unübertragbaren Merkmalen einer Person, wie dem Fingerabdruck oder dem Abbild der Iris. Das Verfahren eines Fingerabdruck-Scans ist technisch schon heute möglich, da einige Mobiltelefonhersteller Fingerprint-Sensoren oder Scanfunktionen in ihre Geräte integrieren.[64] Das Verfahren wurde erst im Jahr 2001 in der deutschen Signaturverordnung (§ 5 Abs. 1 Satz 1, § 15 Abs. 1 Satz1 SigV) als qualifizierte elektronische Signatur (§ 2 Nr. 3 SigG) anerkannt[65]. Bei vielen Verbrauchern besteht allerdings eine skeptische Grundhaltung gegenüber biometrischen Verfahren, besonders in Deutschland, die durch eventuelle Schwächen des Ver-

62 Erstellt mit Hilfe von http://barcode.tec-it.com & http://www.qrcode-generator.de
63 Vgl. LevelUp, 2012a
64 Vgl. F&P GmbH - FEiG & PARTNER , 2006
65 Vgl. Karlsruher Institut für Technologie, 2010

fahrens erhöht wird – so gelang es dem Chaos Computer Club, das Fingerabdruck-basierte Bezahlverfahren einer deutschen Supermarktkette zu überlisten.[66]

3.1.5 Multichannel-Authentifizierung

Die Multichannel-Authentifizierung ist keine eigenständige Authentifizierungsform, sondern die Kombination von zwei oder mehr der oben beschriebenen Formen. Eine bekannte Lösung der Multichannel und gleichzeitig Zwei-Faktor Authentifizierung ist die „mobile TAN" für das herkömmliche Electronic Banking per PIN/TAN; hier wird ein weiterer Übertragungskanal – eine SMS-Kurznachricht – eingebunden. Nach erfolgreicher Identifizierung durch die PIN wird dem Anwender bei Ausführung des Vorgangs eine OTP als SMS zugeschickt, die nur für diesen Vorgang gültig und zeitlich begrenzt ist.[67] Auch andere Kombinationen von verschiedenen Authentifizierungskanälen, beispielsweise Scan-Code kombiniert mit einer PIN, sind möglich.

3.2 Kartenzugriff

Theoretisch sind verschiedene Ansätze möglich, eine Zahlungsfunktion in das Mobilfunkgerät zu integrieren, um beispielsweise wie mit der Debit- oder Kreditkarte in Geschäften oder an Automaten zu zahlen. Das Mobiltelefon bietet die erforderliche Infrastruktur eines Terminals und eignet sich als Kartenersatz, da es technisch möglich ist, direkt auf Kartendaten von Kreditinstituten zuzugreifen.[68] Die folgenden Lösungen stellen Zugriffsmöglichkeiten in bereits existierende Zahlungssysteme dar.

Kartenzugriff	Physikalischer Kartenzugriff		Systeme ohne physikalischen Kartenzugriff
	Dual Slot	Single Card/ Dual Chip	

Tabelle 8: Merkmale des Klassifizierungskriteriums Kartenzugriff

66 Vgl. Stumpf, 2007
67 Vgl. Bundesamt für Sicherheit in der Informationstechnik, 2010
68 Vgl. Henkel, Mobile Payment, 2002, S. 329-335

Eine erste Möglichkeit bieten Dual Slot Mobiltelefone, die einen weiteren Kartenleser mit den Funktionalitäten eines klassischen Chipkartenlesegerätes integriert haben. Um die höheren Anschaffungskosten und geringe Auswahl bei Dual Slot Geräten zu umgehen, bestünde theoretisch die Möglichkeit, beide Funktionalitäten der SIM- und der Chipkarte (Dual Chip), auf einem Chip (Single Card) zu vereinen, doch in keinem bisher bekannten Bezahlverfahren wird dies umgesetzt.

In Frankreich versuchte France Télécom Mobile, das Mobiltelefon mit Hilfe eines „äußeren“ Dual Slots um die Funktion eines Zahlungsterminals zu erweitern. Gute Startbedingungen bot die weit verbreitete Carte Bancaire. Ein großer Nachteil war allerdings, dass das Gerät mit einem zusätzlichen Kartenleser ausgestattet werden musste und daher schwerer und teurer war, weswegen sich das System bei den Kunden nie durchsetzte.[69] Das Startup-Unternehmen Square kam 2010 auf eine ähnliche Idee, Smartphones um einen zusätzlichen Slot, durch die Anbringung eines Kartenlesegerätes namens „Dongle“ an der Kopfhörerbuchse, zu erweitern. Das Handy wird so zur Kartenakzeptanzstelle und Händler können mit diesem mobilen System Kreditkartenzahlungen überall annehmen. Allerdings wurde das Gerät nur zum Lesen von Magnetstreifen-Karten konzipiert.[70] Da die Abschaffung des Magnetsteifens für den europäischen Raum als der nächste Meilenstein im elektronischen Zahlungsverkehr angesehen wird,[71] ist dieser Kartenleseaufsatz für die europäischen Staaten nicht einsetzbar. Seit April 2011 wird jedoch von dem Startup-Unternehmen „iZettle“ ein Chip-Kartenleseaufsatz angeboten (siehe auch Abschnitt 7.2.1). Der iZettle-Kartenleser ist EMVCo LLC und PCI-DSS zertifiziert[72] und hat gute Vorrausetzungen in andere europäische Länder zu expandieren.

Ebenfalls existieren viele Mobile Payment-Verfahren ohne physikalischen Kartenzugriff, bei denen die relevanten Kartendaten nicht physisch in das Handy integriert (bspw. auf einem Chip) oder mit dem Handy abgelesen werden, sondern digital bei einem Zahlungsverkehrsunternehmen (wie Facecash, siehe Abschnitt 3.1.3) hinterlegt sind. So tritt das Handy an die Stelle der Zahlungskarte und greift nur virtuell auf sie zu.

69 Vgl. Henkel, Mobile Payment, 2002, S. 334-335
70 Vgl. TOMORROW FOCUS Technologies GmbH, 2010
71 Vgl. Thomson Reuters (Markets) Deutschland GmbH, 2010
72 Vgl. iZettle AB, 2012a

3.3. *Übertragungstechnologien*

Die Übertragungstechnologie ist wesentlich für ein Mobile Payment System. Sie entscheidet erheblich über die Höhe der entstehenden Kosten für den Kunden und den Händler, über die Sicherheit der Übertragung vertraulicher Daten und die Schnelligkeit der Zahlungsabwicklung. Öffentliche Mobilfunknetze zur Sprach- und Datenübertragung sind Bestandteil vieler mobiler Bezahlverfahren.

Übertragungs-technologie	GSM (2G)				UMTS (3G)	Blue-tooth	NFC
	SMS	Voice	USSD	HSCSD/ GPRS			

Tabelle 9: Merkmale des Klassifizierungskriteriums Übertragungstechnologien

3.3.1 GSM

In den Jahren 1982 bis 1990 wurde der erste digitale Mobilfunkstandard GSM (Global System for Mobile Communication), mit chipkartenbasierter Authentifikation, entwickelt,[73] um die vollkommen unterschiedlichen europäischen *analogen* Systeme abzulösen und einen einheitlichen Standard zu schaffen.[74] Bei den heutigen Mobilfunknetzen sprechen Entwickler daher von der zweiten Generation (2G) des Mobilfunks bzw. von der 2,5. Generation (2.5G) im Falle von HSCSD (High Speed Circuit Switched Data) und GPRS (General Packet Radio Service).

Das heutige GSM ist eine leitungsvermittelnde Datenübertragung und erreicht höchstens Nettoraten von 9,6 Kbit/s. Es unterstützt sprachorientierte Dienste, wie reguläre Telefonie oder Notruf, sowie Datendienste wie SMS mit einer Textlänge von 160 Zeichen, E-Mail und USSD (Unstructured Supplementary Service Data).[75] GSM-Netze bieten verschiedene Sicherheitsdienste an, die die Authentizität, die Vertraulichkeit, die Integrität und die Verbindlichkeit gewährleisten sollen. Die Vertraulichkeit im GSM-Netz wird durch die verschlüsselte Übertragung der Daten gewährleistet. Die Authentifizierung des Mobilfunkkunden gegenüber der SIM-Karte erfolgt durch Eingabe der vierstelligen PIN am Mobiltelefon mit der vorpersonalisierten SIM-Karte. Die Karte wiederum authentifiziert sich mittels einer implementierten mathematischen Prozedur im Netz. Bei der

73 Vgl. Eckert, 2008, S. 787
74 Vgl. Lammer, 2004, S. 72
75 Vgl. Eckert, 2008, S. 790-791

vorpersonalisierten SIM (Initialisierung) werden feste und personenunabhängige Daten, wie die weltweit eindeutige IMSI (International Mobile Subscriber Identity), Shared Secret (symmetrischer Schlüssel) und der Algorithmus[76] auf das EEPROM bei der Chipproduktion geladen.[77] Durch den vordefinierten Algorithmus und der vom Netzbetreiber erstellten 128-Bit Challenge (Zufallszahl) wird ein 64-Bit Session Key (dynamischer Schlüssel) erzeugt. Mittels Session Key werden die Daten verschlüsselt und über die Luftschnittstelle zur Basisstation gesendet.[78]

Es ist hier anzumerken, dass GSM keine End-to-End-Verschlüsselung bietet, was bedeutet, dass die verschlüsselte Übertragung bei der Basisstation endet und von dieser aus unverschlüsselt weiter erfolgt.[79] Außerdem bietet die 64-Bit Verschlüsselung keine „praktische Sicherheit“ mehr (siehe Abschnitt 3.4 "Datenübertragungssicherheit"), und der A5/1-Algorithmus ist kryptographisch schwach,[80] was u.a. der Verschlüsselungsexperte Karsten Nohl im Dezember 2009 mit mehreren Versuchen belegte.[81] Zwar entwickelte die GSM Association im Jahr 2007 einen Nachfolger – den A5/3-Algorithmus mit 128-Bit Schlüssellänge, doch bisher haben nur wenige Netzbetreiber in diese Sicherheitsaufrüstung investiert.[82]

3.3.1.1 Kurznachrichten-Dienst (SMS)/ Sprach-Dienst (Voice)

Der GSM-Dienst Kurzmittelung eröffnet zwei verschiedene Varianten für mobile Bezahlverfahren. Zum einen kann die SMS zum Kauf von digitalen Gütern und Dienstleistungen im M-Commerce-Bereich (z.B. Klingeltöne, Handyspiele, Bilder, Chat) genutzt werden. Hierbei wird die herkömmliche SMS-Gebühr um eine Premiumgebühr, welche die einer normalen SMS übersteigt, erweitert[83] und über die monatliche Handy-Rechnung des Mobilfunkanbieters mit dem Kunden abgerechnet.[84] Der Käufer schickt eine SMS an eine für das Produkt genannte Kurzwahlnummer und erhält im Gegenzug die bestellte Ware oder Dienstleistung direkt auf sein Mobilfunkgerät.[85] Diese Variante darf in Deutschland nur für

76 Vgl. Bundesamt für Sicherheit in der Informationstechnik, 2010, S. 18-19
77 Vgl. Effing & Rankl, 2002, S. 926
78 Vgl. Bundesamt für Sicherheit in der Informationstechnik, 2008, S. 19-20
79 Vgl. Lammer, 2004, S. 74
80 Vgl. Krempl, 2009; Weis & Lucks, 1998, S. 1-4
81 Vgl. Ihlenfeld, 2010
82 Vgl. Dybwad, 2009
83 Vgl. Pousttchi, 2005, S. 3
84 Vgl. Schweikle, 2009, S. 288
85 Vgl. Dombret, 2008, S. 53

mobilfunknahe Produkte angewendet werden, was bedeutet, dass andere Waren und Dienstleistungen, wie zum Beispiel ein Bahn-Ticket oder ein Getränk nicht über die Mobilfunkabrechnung abgebucht werden dürfen. Sie ist daher deutschlandweit nur für eine begrenzte Produktpalette einsetzbar, die dem Bereich des Micropayment und dem Bezahlszenarium des M-Commerce zuzuordnen ist.[86]

Eine weitere Variante stellt die SMS als Zahlungsauslöser dar. Hier wird der Einkaufspreis nicht durch die SMS-Gebühr bepreist, wie im vorherigen Beispiel dargestellt, sondern es werden beim Mobile Payment-Anbieter die Bankverbindungsdaten und Kreditkartendaten hinterlegt. Beim Bezahlvorgang schickt der Käufer eine SMS an eine genannte Nummer und bekommt nach wenigen Sekunden eine SMS mit Angaben des Betrags und des Zahlungsempfängers zurück, die er anschließend (beispielsweise mit Textinhalt „ja“) als SMS rückbestätigen kann. Anschließend wird der Betrag über das hinterlegte Zahlverfahren abgebucht. Dieses Verfahren wird auch vom österreichischen Mobile Payment-Anbieter paybox genutzt. Statt der Kurznachricht kann hier allerdings auch der Sprach-Dienst benutzt werden (siehe auch Abschnitt 7.2.1).[87]

3.3.1.2 USSD

USSD ist ein weiterer GSM-Übertragungsdienst, ähnlich der Kurzmitteilung, und dient dem Informationsaustausch zwischen Mobiltelefon und Mobilfunknetz. Eine USSD-Nachricht kann bis zu 200 Zeichen übermitteln und die Übermittlungsrate ist fünf Mal höher als bei einer SMS. Sobald der Anwender den USSD-Service startet, wird eine Realtime-Verbindung aufgebaut, die so lange bestehen bleibt, bis der Anwender die Verbindung beendet bzw. sie durch ein Time-Out unterbrochen wird.

Beispielsweise wird durch Eingabe eines USSD-Codes oder Ausführung einer USSD-Applikationsfunktion eine Verbindung zum GSM-Netz aufgebaut. Das USSD-Gateway sendet anschließend die Antwort an die USSD-Applikation oder webbasierte Applikation des Mobilfunkgerätes. Dadurch, dass keine zentrale Datenspeicherung, wie bei der SMS, erfolgt und die Verbindung bis zur Beendigung der Session erhalten bleibt, ist USSD sicherer als der SMS-Dienst. Trotz zahlreicher Vorteile ist der USSD-Dienst allerdings in Deutschland wenig bekannt, da er von Mobilfunkanbietern und -netzbetreibern kaum aktiv beworben wird.[88] Hingegen wird in Ländern wie beispielsweise Pakistan das Benutzen von

86 Vgl. Schweikle, 2009, S. 294
87 Vgl. Dombret, 2008, S. 55
88 Vgl. Lammer, 2004, S. 90-91

USSD-Diensten als selbstverständlich erachtet, und wird auch für mobile Bezahldienste benutzt.[89]

3.3.1.3 HSCSD und GPRS

HSCSD und GPRS sind (im weitesten Sinn) Erweiterungen des GSM-Netzes. HSCSD ist eine leitungsvermittelte Übertragungstechnik, bei dem mehrere Timeslots (Zeitfenster) zu einem logischen Kanal gebündelt werden, um Daten im GSM-Netz mit höheren Geschwindigkeiten übertragen zu können. Durch die Kanalbündelung und den Wegfall des Fehlerbeseitigungsprotokolls kann HSCSD bis zu 57,6 Kbit/s erreichen. Der Übertragungsdienst HSCSD bedient sich der Methoden, wie Authentifizierung und Verschlüsselung, des GSM-Netzes. Somit kommen keine weiteren Gefährdungen durch HSCSD hinzu.[90] GPRS ist eine paketorientierte Datenübertragung im GSM-Netz. Durch die Nutzung der acht Timeslots eines logischen Kanals des GSM-Netzes beim Versenden eines Datenpaketes können theoretisch Geschwindigkeiten von bis zu 115,2 Kbit/s erreicht werden.[91] GPRS ist kompatibel mit IP-basierten Netzen. Die Datenübertragung erfolgt durch Zugriff auf einen Server mittels TCP/IP (Transmission Control Protocol/Internet Protocol), was zu bestimmten weiteren Gefährdungen, die schon aus dem Internet bekannt sind, führen kann. Auch GPRS folgt der gleichen Vorgehensweise zur Authentifizierung gegenüber dem Mobilfunknetzbetreiber und Verschlüsselung der Kommunikation wie GSM.[92]

3.3.2 UMTS

Das Anforderungskonzept für Mobilfunk der dritten Generation (3G) wurde von der ITU (International Telecommunication Union) unter dem Namen IMT-2000 (International Mobile Telecommunications-2000) entwickelt. Diese Anforderungen wurden u.a. von den Standards UMTS (Universal Mobile Telecommunications System) und CDMA2000 erfüllt. UMTS ist somit ein Substandard von IMT-2000.[93] Mit Übertragungsraten von bis zu 2 Mbit/s ermöglicht diese Über-

89 Vgl. Sokolov, 2010
90 Vgl. Bundesamt für Sicherheit in der Informationstechnik, 2008, S. 32
91 Vgl. Lammer, 2004, S. 75-76
92 Vgl. Bundesamt für Sicherheit in der Informationstechnik, 2008, S. 32-34
93 Vgl. Badach, 2007, S. 19

tragungstechnologie erstmalig eine schnellere drahtlose Übertragung, beispielsweise für Multimedia-Daten.[94]

Da diese Übertragungsrate für das gesamte Netz zumindest aktuell nicht flächendeckend zu realisieren ist, ergeben sich beim UMTS komplexe Roaming-Szenarien. Die Makrozelle in ländlichen Gebieten umfasst eine Spannbreite von zwei Kilometern und erreicht Datenraten von höchstens 144 Kbit/s. Die Mikrozelle, beispielsweise für den Stadtbereich, bietet Übertragungsraten von maximal 384 Kbit/s, sofern der Nutzer sich nicht schneller als 120 km/h bewegt. Hot Spots an Flughäfen oder Bahnhöfen, ausgestattet mit einer Pikozelle, bieten die Höchstgeschwindigkeiten von bis zu 2 MBit/s an.[95]

Durch die Verwendung unterschiedlicher drahtloser Netze zur Kommunikation und der Nutzung verschiedener bestehender Netzwerktypen wurde bei der Entwicklung dieses Mobilfunkstandards eine solide und erweiterbare Sicherheitsarchitektur realisiert.[96] Die Sicherheit im UMTS-Netzwerk basiert zumeist auf der Sicherheitsarchitektur des GSM-Netzes; so wird beispielsweise die SIM-Karte (USIM-Karte bei UMTS) als Sicherheitsmodul übernommen. Es wurden aber sämtliche GSM-Schwächen hinsichtlich der verwendeten Algorithmen, der Flexibilität und der Netzwerk-Authentifizierung eliminiert und durch verbesserte Mechanismen ersetzt.[97] Die neue Sicherheitsarchitektur soll die Datenintegrität der Luftschnittstelle schützen, um die Vertraulichkeit und Vollständigkeit der Daten sicherzustellen. Beispielsweise wurde durch die Veröffentlichung der verwendeten Algorithmen eine Ende-zu-Ende-Verschlüsselung erst möglich. Eine wichtige Neuerung ist, dass sich auch das Mobilfunknetz gegenüber dem Mobilfunkteilnehmer durch ein gegenseitiges Challenge-Response-Verfahren authentifizieren muss. Damit wurde die Sicherheitsgefährdung durch das Mithören von Telefonaten durch einen IMSI-Catcher behoben.[98]

Abbildung 6 bietet einen Überblick über Registrierungs- und Verbindungsprinzipien bei UMTS.

94 Vgl. Lammer, 2004, S. 76-77
95 Vgl. Kornmeier, 2009, S. 61
96 Vgl. Eckert, 2008, S. 807
97 Vgl. Bolta, 2003, S. 9
98 Vgl. Kornmeier, 2009, S. 62

Abbildung 6: UMTS-Sicherheitsarchitektur

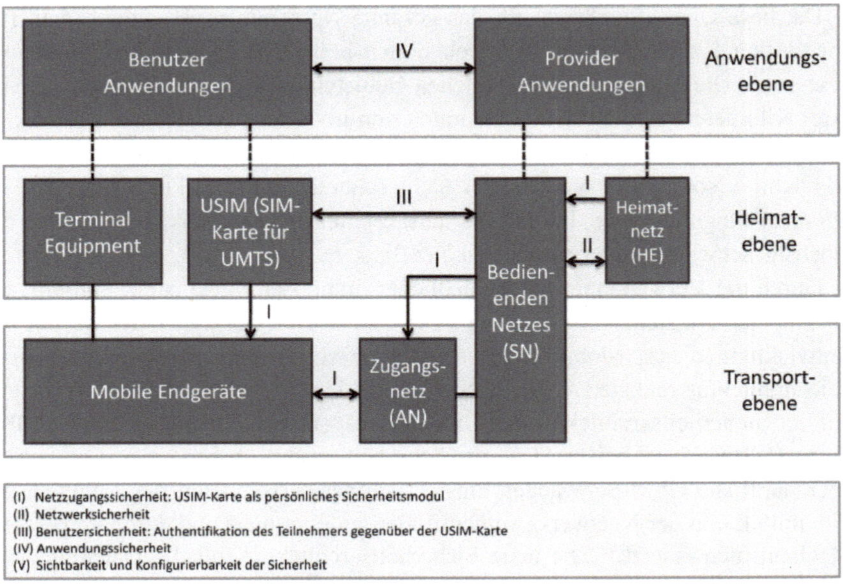

Entnommen aus: Reppekus, 2000, S. 4

Durch den Aufbau einer IP-Infrastruktur entstehen allerdings auch neue Sicherheitsrisiken, die zum Teil schon aus dem Internet bekannt sind.[99] Zum Beispiel bei der Denial-of-Service Attacke lässt sich mit Hilfe von Störsendern sämtliche Kommunikation einfach unterbinden. Schutz vor der Man-in-the-Middle-Attacke durch einen IMSI-Catcher ist auch nicht immer gewährleistet, denn durch die mögliche Abwärtskompatibilität zum GSM-Netz kann der IMSI-Catcher wieder zum Einsatz kommen.[100] Wie zu sehen ist, kann ohne den Schutz durch zusätzliche Sicherheitsmechanismen bei der Übertragung sensibler Informationen die Sicherheit auch per UMTS nicht gewährleistet werden.[101]

3.3.3 Bluetooth

Der Kurzstreckenfunk-Standard Bluetooth ermöglicht die Verbindung von zwei elektronischen Geräten über Entfernungen von einem Meter bis zu ca. 100 Me-

99 Vgl. Kornmeier, 2009, S. 62
100 Vgl. Bundesamt für Sicherheit in der Informationstechnik, 2008, S. 44
101 Vgl. Kornmeier, 2009, S. 62

tern mit einer Übertragungsrate von einem MBit/s (Bluetooth 1.2), oder sogar bis zu 24 MBit/s (Bluetooth 3.0). Jedes Bluetooth-fähige Gerät besitzt eine eindeutige, 48 Bit-lange Adresse. Bluetooth bietet einige Sicherheitsmechanismen an, die aber vom Anwender optional eingerichtet werden müssen.[102] Beispielsweise wird bei Bluetooth nur eine unidirektionale Authentifikation durchgeführt, bei dem sich ein Bluetooth-Gerät beim anderen autorisiert. Um einer Man-In-The-Middle-Attacke (Zugriff durch ein zwischengeschaltetes Gerät) vorzubeugen, muss eine verschlüsselte Verbindung aufgebaut werden. Diese Funktionalität ist jedoch optional und muss vom Anwender angefordert werden.

Auch eine vom Benutzer selbst erstellte PIN wird von Bluetooth nicht auf Komplexität und Länge überprüft. So könnten PINs durch Mitschnitt beim Verbindungsaufbau schnell erraten werden. Eine weitere Sicherheitsgefährdung ist das Bluetooth-Tracking. Bei eingeschaltetem Bluetooth ist es möglich, mit mehreren empfangsverstärkenden Bluetooth-Empfängern die Position des Geräts zu orten. Mit der Einführung von Bluetooth 2.1 wurde das Problem der schwachen PIN bekämpft, indem ein Verfahren namens Secure Simple Pairing entwickelt wurde. Beim Verbindungsaufbau wird nicht die vom Anwender selbst ausgewählte PIN benutzt, sondern es wird auf beiden Geräten ein Schlüssel errechnet. Nur wenn beide Schlüssel identisch sind, ist die verschlüsselte Verbindung nicht manipuliert worden.[103]

3.3.4 Near Field Communication (NFC)

NFC (Near Field Communication) ist ein Übertragungsstandard, der 2002 von NXP Semiconductors (vormals Philips) und Sony entwickelt wurde, und ebenfalls dem kontaktlosen Austausch über (sehr) kurze Distanzen zwischen elektronischen Geräten dient.[104] Bei der NFC-Technik werden hochfrequente Wechselfelder im Frequenzbereich von 13,56 MHz mit einer Datenübertragungsrate von maximal 424 kBit/s und einer Kommunikationsreichweite von maximal etwa 10 cm eingesetzt. Der jeweilige Kommunikationspartner muss sich daher im unmittelbaren Nahfeld der Sendeantenne befinden.[105] Viele aktuell in der Entwicklung oder Pilotphase befindlichen Mobile Payment-Verfahren setzen auf NFC als besonders bequemes und sicheres Datenübertragungsverfahren der Zukunft.[106]

102 Vgl. Lammer, 2004, S. 78-79
103 Vgl. Bundesamt für Sicherheit in der Informationstechnik, 2008, S. 117-119
104 Vgl. Bauer, Dirks, & Bryant, 2008, S. 308
105 Vgl. Finkenzeller, 2008, S. 64-65
106 Vgl. Sternkopf, 2012

Technisch basiert NFC wie RFID (Radio Frequency Identification) und ähnliche Funksysteme auf dem Prinzip der elektromagnetischen Induktion; es werden Daten zwischen Sender und Empfänger ausgetauscht, ohne dass beide über eine eigene Energieversorgung verfügen müssen. Die technische Innovation an NFC ist, dass das NFC-fähige Gerät sowohl im passiven Betriebsmodus (Passive Mode) als auch im aktiven Betriebsmodus (Active Mode) eingesetzt werden kann, worauf unten eingegangen wird. Desweiteren kann bei einer NFC-Kommunikation das einzelne NFC-Interface unterschiedliche Funktionen einnehmen: die eines NFC-Initiators (Master Device) oder die des NFC-Targets (Slave Device).[107] Der NFC-Initiator ist das Gerät, das den Austausch der Daten kontrolliert und initialisiert, wobei das NFC-Target auf die Anfrage des Initiators antwortet.[108]

3.3.4.1 Active Mode

Im aktiven Betriebsmodus benötigen beide NFC-Interfaces eine eigene Energiezufuhr, um ein eigenes magnetisches Wechselfeld zu induzieren. In diesem Betriebsmodus aktiviert eines der NFC-Geräte seinen Sender und übernimmt damit die Rolle des NFC-Initiators. Die Antenne des Senders erzeugt daraufhin ein magnetisches Wechselfeld, welches sich wie eine Spule um die Leiterschleife ausbreitet. Die in der Nähe befindliche Antennenschleife des zweiten NFC-fähigen Gerätes überschneidet sich mit dem magnetischen Feld des Senders, wodurch in der Antennenschleife eine Spannung induziert wird. Der Empfänger der Signale des Initiators nimmt hierbei automatisch die Rolle des NFC-Targets ein (siehe Abbildung 7).
Der Datenaustausch erfolgt nach dem Halbduplexverfahren, weshalb Daten nur im Wechselbetrieb übertragen werden können.[109] Damit die Daten auch in umgekehrter Richtung vom NFC-Target zum NFC-Initiator gesendet werden können, aktiviert der NFC-Initiator seinen Empfänger und das NFC-Target schaltet den Sendebetrieb ein (siehe Abbildung 7).

107 Vgl. Bauer, Dirks, & Bryant, 2008, S. 308
108 Vgl. WEKA MEDIA GmbH & Co. KG, 2010
109 Vgl. WEKA MEDIA GmbH & Co. KG, 2010

Abbildung 7: NFC im Aktive Mode

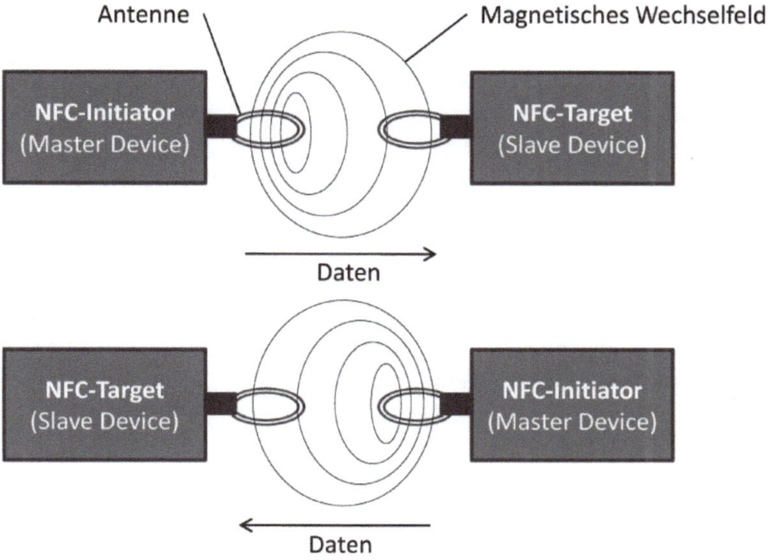

Entnommen aus: Finkenzeller, 2008, S. 65-66

3.3.4.2 Passive Mode

Beim Passive Mode spannt sich wie beim Active Mode ein magnetisches Wechselfeld um die Antenne des NFC-Initiators und der zu übertragende Datenblock wird an das NFC-Target geschickt. Nach Ende der Erstübertragung wird jedoch nicht wie beim Active Mode das Spannungsfeld abgeschaltet, sondern es wird eine Lastmodulation erzeugt, so dass der Sender dem magnetischen Wechselfeld des Empfängers Energie induktiv entziehen kann. Die Daten können so vom NFC-Target an den NFC-Initiator übertragen werden.[110]

Bei NFC herrscht zwischen dem aktiven Modus und dem batterielosen passivem Modus keine strikte Trennung, wie sie beim RFID-System üblich. Durch die Verwendung des Passive Mode bei NFC-Geräten eröffnen sich neue Möglichkeiten: im passiven Betriebsmodus kann das Gerät Daten senden, obwohl es ausgeschaltet ist oder nur über eine geringe Energieversorgung verfügt. So kann

110 Vgl. Finkenzeller, 2008, S. 67

durch die Datenübertragung per Lastenmodulation auch Energie gespart werden.[111]

Außerdem ist NFC mit diversen RFID-Systemen (z.B. ISO/IEC 14443) kompatibel und kann so eine Kommunikationsbeziehung zu passiven RFID-Transpondern oder RFID-Lesegeräten aufbauen (siehe Abbildung 8). Um eine Verbindung zu einem RFID-Transponder herzustellen, nimmt das NFC-Gerät die Rolle eines NFC-Target ein und versorgt das RFID-Tag mit Energie. Per Lastenmodulation werden die Daten an das NFC-Gerät übertragen. Da sich das NFC-Gerät wie ein RFID-Lesegerät verhält, wird dieses Verfahren auch als „reader-emulation-mode" (Lesegerät-Nachahmungsmodus) bezeichnet. Andererseits kann sich das NFC-Gerät auch als NFC-Target im Passiv-Modus verhalten (siehe Abbildung 8). Diese Option wird als card-emulation-mode bezeichnet (Karten-Nachahmungsmodus), da sich das Gerät aus Sicht des RFID-Lesegerätes wie eine kontaktlose Chipkarte verhält.

Abbildung 8: NFC im Passive Mode

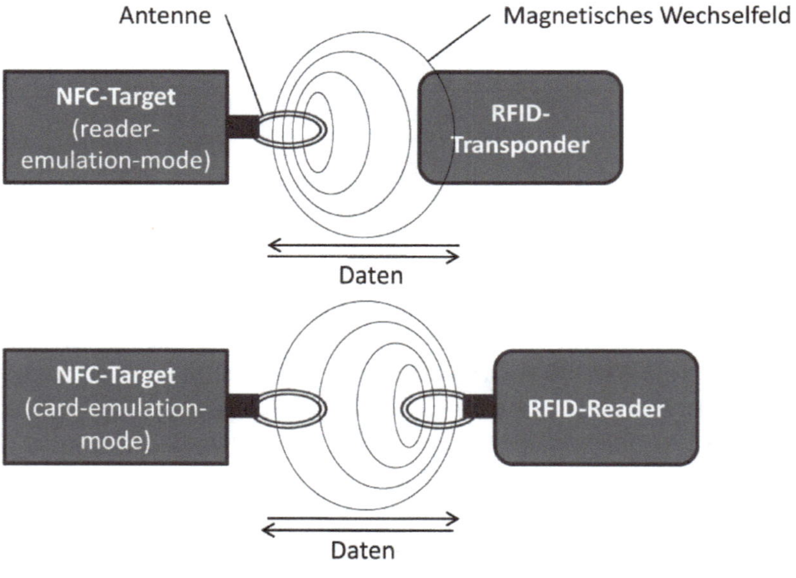

Entnommen aus: Finkenzeller, 2008, S. 65-66

111 Vgl. WEKA MEDIA GmbH & Co. KG, 2010

3.3.4.3 Sicherheit bei NFC

Wie bei anderen Mobiltelefonen kann der Besitzer eines NFC-fähigen Handys beliebige Java-Applikationen uploaden und installieren. Die Anwendungen werden im Arbeitsspeicher des Gerätes abgelegt, wo auch die NFC-Anwendung gespeichert ist. Das einfache Abspeichern und Ausführen dieser Programme stellt ein erhebliches Sicherheitsrisiko dar, da unerwünschte Daten eingeschleust werden können, welche die NFC-Funktion manipulieren.

Dieses Problem kann durch Secure-NFC gelöst werden. Hierbei werden sicherheitsrelevante Programme und Daten im Speicher des Secure-Elementes (SE) abgelegt und ausgeführt. Als Secure-Element könnte die (U)SIM-Karte eingesetzt werden, die ohnehin in jedem Mobiltelefon vorhanden ist, oder eine Secure-Memory-Card (Speicherkarte) bzw. ein fest eingelöteter Chip. Die über die kontaktlose NFC-Schnittstelle zu übertragenden Daten werden direkt durch das Secure-Element geleitet, nicht mehr über den Speicher des Application-Controllers (siehe Abbildung 9). So können keine Funktionen über den Application-Controller ausgeführt werden, die von der Applikation im Secure-Element nicht unterstützt werden. Sicherheitsrelevante Daten und Applikationen können nicht einfach gelöscht, geändert oder gelesen werden.[112]

Abbildung 9: Secure-NFC als (U)SIM-Karte

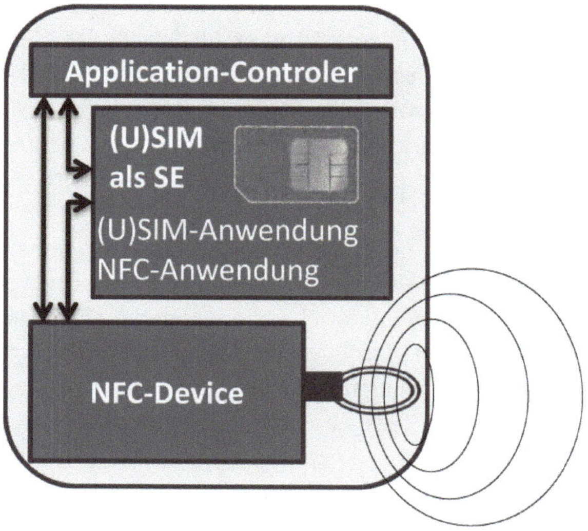

Entnommen aus: Finkenzeller, 2008, S. 392

112 Vgl. Finkenzeller, 2008, S. 389-392

3.3.4.4 Anwendungen bei NFC

Mobile Payment-Verfahren können durch die vielfältige Einsetzbarkeit der NFC-Technologie profitieren. NFC-Geräte könnten theoretisch in fast allen Bezahlszenarien eingesetzt werden, unter anderem zum Bezahlen an Händlerterminals, an Automaten und im Internet.[113]

Der Ticketkauf an automatisierten Kassen ist momentan das am weitesten entwickelte Verfahren in Bezug auf die NFC-Technologie. Grund dafür ist u.a. die vorhandene Infrastruktur der Lesegeräte der Verkehrsverbände, die nur mit passiven Transpondern ausgestattet sind. Die NFC-Schnittstelle im Mobiltelefon übernimmt die Funktion eines Kartenlesers (reader-emulation-mode) bei dem die Ticketdatensätze im Secure-Element sicher abgelegt werden. Bei der Ticketüberprüfung durch den Kontrolleur nimmt das NFC-Gerät die Rolle einer kontaktlosen Chipkarte an (card-emulation-mode), da die Lesefunktion vom mobilen Gerät des Schaffners übernommen wird.[114] Einige Verkehrsverbände und Bahngesellschaften wie die Österreichische Bundesbahn, die Wiener Linien, der Rhein-Main-Verkehrsbund und die Deutsche Bahn führten seit 2007 diverse Feldversuche durch, um die Einsetzbarkeit der NFC-Technologie zu testen. Auf das System der Deutschen Bahn wird im Abschnitt 6.2 „Touch&Travel“ genauer eingegangen.[115]

NFC-Telefone können auch für den Zahlungsverkehr an POS-Terminals eingesetzt werden. Aus Sicht des Terminals verhält sich das Mobiltelefon wie eine (kontaktlose) Bank- oder Kreditkarte (card-emulation-mode). Die Kartendaten werden im Secure-Element des Mobiltelefons abgelegt. Beim Bezahlvorgang wählt der Käufer nur seine gewünschte Karte aus, bzw. kann dies auch im Voraus festlegen; wird das Mobiltelefon an eine dritte Person übergeben oder ausgeliehen, können die hinterlegten Karten mit einer temporären Sperre versehen werden.[116]

Auch im Bereich des E-Commerce bietet die NFC-Technologie eventuell neue Möglichkeiten.[117] Mobile Payment-Lösungen im Internet werden zumeist durch den Austausch von SMS abgewickelt,[118] wobei der SMS-Dienst einer der unsichersten Kanäle ist,[119] und viel für einen Ersatz durch NFC sprechen würde. Für die sichere Übertragung innerhalb eines entsprechenden Zahlungsverfahrens würde der Käufer aber ein eigenes Lesegerät mit integriertem RFID-Modul be-

113 Vgl. Finkenzeller, 2008, S. 429
114 Vgl. Finkenzeller, 2008, S. 430
115 Vgl. Sokolov, 2009
116 Vgl. Finkenzeller, 2008, S. 433
117 Vgl. Schweikle, 2009, S. 289
118 Vgl. Dombret, 2008, S. 55
119 Vgl. Lammer, 2004, S. 74

nötigen, das er an seinen PC anschließt. Da diese Kartenlesegeräte einen Anschaffungswert von aktuell ungefähr 100 Euro haben,[120] wäre es für den Kunden zu entscheiden, ob diese Anschaffung es wert ist.

3.4 Datenübertragungssicherheit

Mobile Payment basiert auf dem Austausch von zahlungsbezogenen Daten zwischen Mobiltelefon und Zahlungsempfänger, sowie oft auch beteiligten Dritten, wie dem Mobile Payment-Systemanbieter. Daten durchlaufen in der Regel viele Knotenpunkte bei der Übertragung vom Sender bis zum Empfänger, an denen sie abgefangen, gelesen oder verändert werden können. Um dies zu verhindern, sind asymmetrische und symmetrische Verschlüsselungsverfahren bzw. Krypto-Algorithmen entwickelt worden (siehe Tabelle 10). Die Nachrichten kann zwar immer noch abgefangen, aber nicht mehr eingesehen oder manipuliert werden.[121] Die derzeitig verfügbaren Verschlüsselungsverfahren stellen nur eine „praktische" Sicherheit dar (keine absolute Sicherheit), insofern dass der Krypto-Algorithmus nur in einer begrenzten Zeit und mit endlichen Hilfsmitteln durch einen Angreifer nicht durchbrochen werden kann.[122]

Datenübertragungssicherheit	Kryptographisch verschlüsselte Übertragung			Unverschlüsselte Übertragung
	symmetrische	hybrid	asymmetrisch	

Tabelle 10: Merkmale des Klassifizierungskriteriums Datenübertragungssicherheit

Beim symmetrischen Verschlüsselungsverfahren wird nur ein Schlüssel für die Ver- und Entschlüsselung der Nachricht eingesetzt. Zwei altbekannte Verfahren sind der Data Encryption Standard (DES) und der International Data Encryption Algorithm (IDEA);[123] hinzu kommt der neue Advanced Encryption Standard (AES), der auf dem Rijndael Algorithmus basiert.[124] Bei der Übertragung der Daten vom Sender zum Empfänger müssen beide den gleichen Schlüssel besitzen. Damit dieser Schlüssel nicht von Dritten ausgespäht werden kann, muss die-

120 Vgl. REINER Kartengeräte GmbH & Co. KG, 2010
121 Vgl. Kretschmar, 2005, S. 15
122 Vgl. Weber, 2002, S. 10
123 Vgl. Höft, 2002, S. 12
124 Vgl. Zimmermann, 2004, S. 6

ser über einen sicheren anderen Weg (Postweg, persönliches Treffen) übergeben werden. Offensichtlicher Nachteil bei diesem Verfahren ist der hohe Verwaltungsaufwand und Zeitaufwand bei der Übermittlung des gemeinsamen Schlüssels.

Die asymmetrische Verschlüsselung verwendet zwei unterschiedliche Schlüssel – einen Privaten (private key) und einen Öffentlichen (public key). Das Problem der Verteilung und des Austauschs der Schlüssel besteht dadurch nicht mehr, weshalb sich asymmetrische Verschlüsselung besonders gut zur Kommunikation zwischen zwei bislang unbekannten Akteuren eignet.[125] Das RSA (Rivest, Shamir, Adleman)-Verfahren ist eines der am häufigsten verwendeten asymmetrischen Verschlüsselungsverfahren[126], welches sowohl zur Ver- und Entschlüsselung von Nachrichten als auch zur elektronischen Signatur verwendet werden kann. Hierbei wird der private Schlüssel (private key) zum Entschlüsseln oder Signieren von Daten benutzt und der öffentliche Schlüssel (public key) zum Verschlüsseln oder zur Überprüfung der Signaturen verwandt.[127]

Bei hybriden Verschlüsselungsverfahren werden die Vorteile des asymmetrischen und symmetrischen Verfahrens genutzt.[128] Das Diffie-Hellman-Verfahren (DH) verwendet beispielsweise das asymmetrische Verfahren für die sichere Schlüsselvereinbarung des symmetrischen Schlüssels.[129] Zuerst wird vom Sender mit dem asymmetrischen Verfahren ein Paar aus öffentlichem und privatem Schlüssel erzeugt. Der öffentliche Schlüssel wird anschließend über eine unsichere Kommunikationsleitung an den Empfänger gesendet. Der Empfänger verschlüsselt einen neu erzeugten symmetrischen Schlüssel mit dem erhaltenen öffentlichen Schlüssel und sendet den verschlüsselten symmetrischen Schlüssel an den Sender zurück. Er kann nun mit seinem privaten Schlüssel die Nachricht entschlüsseln und erhält im Klartext den symmetrischen Schlüssel. Durch diese Methode besitzen beide Partner den sicher ausgetauschten symmetrischen Schlüssel, der für den weiteren schnellen Nachrichtenaustausch dient.[130]

3.5 Endgerät und Betriebssystem

Eine wichtige Komponente von Verbreitung und Akzeptanz ist die Einsetzbarkeit eines mobilen Bezahlverfahrens auf den Endgeräten und Betriebssystemen

125 Vgl. Höft, 2002, S. 12
126 Vgl. Kretschmar, 2005, S. 17
127 Vgl. Eckert, 2008, S. 321
128 Vgl. Kretschmar, 2005, S. 17
129 Vgl. Eckert, 2008, S. 412
130 Vgl. Höft, 2002, S. 13-14

der Händler und Verbraucher. Manche Verfahren sind für bestimmte Typen oder Marken von mobilem Endgerät entwickelt worden, andere Verfahren wiederum lassen sich nicht mit den technischen Fähigkeiten bestimmter Geräte umsetzen. Klar ist jedoch: je mehr Anwendern die Möglichkeit geboten wird, mit ihrem Mobiltelefon je nach Verfahren, die benötigte mobile Applikation auf dem Betriebssystem zu installieren, bestimmte Übertragungstechnologien einzusetzen, oder externe Geräte anschließen zu können, desto Wahrscheinlicher ist eine Verbreitung eines Mobile Payment Systems.

Endgerät & Betriebssystem	Smartphone				Feature phone
	iOS	Android	Symbian	Windows phone	proprietäre Betriebs-systeme

Tabelle 11: Typen von Endgeräten und ihre Betriebssysteme

Hier wird kurz die Verbreitung der Betriebssysteme für Mobiletelefone weltweit und in Deutschland untersucht. Hierbei wird zwischen Smartphones und feature phones („klassische Mobiltelefone") unterschieden, wobei keine offizielle Definition des Unterschieds existiert. Äußerliches Hauptmerkmal von Smartphones sind die vergleichsweise großen, hochauflösenden Touchscreens, über die das Gerät bedient wird. Ein weiteres Merkmal von Smartphones ist meist die über das Betriebssystem zur Verfügung gestellte Programmierschnittstelle (englisch: „application programming interface"; API), welche die Installation von Programmen von Drittherstellern, ermöglicht. Feature phones hingegen arbeiten meist auf Basis der nicht standardisierten proprietären Betriebssysteme des Herstellers. Hier können Drittanbieter-Programme auf Plattformen wie Java ME oder BREW ausgeführt werden.[131]

Laut einer Studie des Marktforschungsinstitutes Nielsen besaßen 90 Prozent der Deutschen[132] im 3. Quartal 2011 mindestens ein Mobiltelefon, wobei der Smartphone-Anteil bei 30 Prozent lag.[133] Die Tendenz zu Smartphones ist jedoch steigend. Laut Bitkom wurden im Jahr 2012 erstmalig mehr Smartphones in Deutschland verkauft als Feature phones.[134] Die Marktanteile der einzelnen Betriebssysteme haben sich in den letzten Jahren weltweit, wie in Abbildung 10 zu sehen, stark verändert. Der ehemalige Marktführer, Symbian, hatte 2011 welt-

131 Vgl. IBH RETAIL CONSULTANTS GmbH, 2012
132 16 Jahre alt sind und das Internet nutzen
133 Vgl. The Nielsen Company (Germany) GmbH, 2011
134 Vgl. Bundesverband Informationswirtschaft, Telekommunikation und neue Medien e.V., 2012

weit nur noch mit einen Anteil von 11,7 Prozent der Smartphones mit Symbian-Betriebssystem verkauft. Das Android-Betriebssystem von Google hingegen ist seit seiner Veröffentlichung im Februar 2009 rasant zum weltweiten Marktführer mit 50,9 Prozent Anteil aufgestiegen. iOS von Apple verzeichnet weniger schnell wachsende Werte, mit einem von knapp einem Viertel aller Smartphone-Betriebssysteme.[135] In Deutschland zeigt die Verteilung der Betriebssysteme weitestgehend ähnliche Werte auf. 30 Prozent der Smartphone-Besitzer haben 2011 ein Gerät mit Android-Betriebssystem, 23 Prozent besitzen ein iPhone, und 29 Prozent ein Smartphone mit Symbian. Nur 5 Prozent sind Besitzer eines Blackberry und 2 Prozent eines Windows Phones.[136]

Abbildung 10: Verteilung der Smartphone-Betriebssysteme Deutschland und Verkaufszahlen weltweit

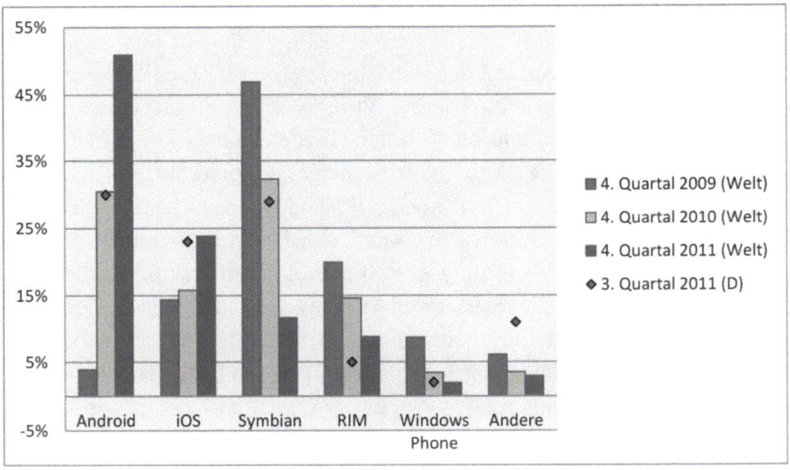

Datenquelle: Gartner, Inc., 2011; Gartner, Inc., 2012; The Nielsen Company (Germany) GmbH, 2011

Die eventuelle Verwendbarkeit eines Mobile Payment-Verfahrens auf nur einem Betriebssystem kann viele Benutzergruppen von vorneherein ausschließen. Beispielsweise ist das C2C-Bezahlverfahren „Bump to Send Money“ von PayPal, oder der Kartenleseaufsatz von iZettle nur für Apple-Geräte konzipiert. „Bump to Send Money“ wäre demzufolge nur für 6,9 Prozent[137] der deutschen Mobil-

135 Vgl. Gartner, Inc., 2011; Vgl. Gartner, Inc., 2012
136 Vgl. The Nielsen Company (Germany) GmbH, 2011
137 Bei 30 Prozent der Smartphone-Besitzer, von den 23 % ein Smartphone mit iOS Betriebssystem besitzen

funknutzer relevant. Als Gegenbeispiel versucht hingegen „LevelUp", möglichst geringe Barrieren aufzubauen: Die mobile Applikation kann auf Android und iOS Smartphones installiert werden, und bei allen anderen Smartphones über den Internetbrowser ausgeführt werden. Für Besitzer von Feature phones oder „Handylose" erstellt „LevelUp" sogar eine eigene Plastikkarte (womit jedoch seine Zugehörigkeit zu den Mobile Payment-Verfahren endet). Das Unternehmen setzt hierbei offenbar darauf, dass zufriedene Kunden, die Plastikkarten verwenden, im Laufe der Zeit auf ein Smartphone umrüsten werden.

4. Klassifizierungskriterien (III): Nutzerwünsche

Sind die Modalitäten des Zahlungsablaufs und die zugrundeliegenden Techniken einmal geklärt, muss eine Betrachtung der Bedürfnisse des Nutzers erfolgen. Denn am Ende treffen stets die Nutzer die Entscheidung, ob ein Zahlungssystem ihren Anforderungen genügt, oder ob sie weiterhin zu traditionelleren oder alternativen Zahlungsmitteln greifen werden. Gerpott und Pousttchi et. al. differenzieren zwischen fünf Aspekten, die mit den Wünschen der Nutzer zusammenhängen: die allgemeine Benutzerfreundlichkeit, die Vertraulichkeit der Daten, der Verbreitungsgrad des Systems, die Kosten für den Zahlungspflichtigen sowie den Kosten für den Zahlungsempfänger. Die letzten beiden Kriterien werden hier aber nicht als getrennte Kriterien besprochen, sondern zu einem einzigen Kriterium zusammengefasst und gemeinsam behandelt, da sie zwei unterschiedliche Perspektiven auf die gesamten Transaktionskosten in einem Mobile Payment-Verfahren sind.

4.1 Benutzerfreundlichkeit

Eine wichtige Anforderung der Nutzer ist die Benutzerfreundlichkeit bei der Durchführung von Bezahlungen. Hier geht es vor allem um die Dauer des eigentlichen Zahlungsvorganges und die Selbstverständlichkeit der Bedienung, sprich: wie einfach und schnell eine Transaktion durchgeführt werden kann (siehe Tabelle 12). Je komplizierter die Bedienung sich gestaltet und je länger der Bezahlvorgang dauert, desto negativer fallen die Auswirkungen auf die Akzeptanz aus.[138]

Die Dauer des Zahlungsvorgangs ist unter anderem abhängig von der Dauer der Datenübertragung zwischen dem eingesetzten Medium und dem Terminal. Um diese so kurz wie möglich zu halten, wird der Austausch von Kommandos und Datenelementen auf das Notwendigste reduziert. Heutige Standards sehen eine Vorgangsdauer bis zu 20 Sekunden vor. Damit diese kurze Vorgangsdauer ermöglicht wird, verzichten Entwickler gerne auf eine Authentifizierung des Kunden durch Eingabe der PIN oder Leistung einer Unterschrift.[139] Unter einfacher Anwendung wird verstanden, dass auch technisch weniger affine Nutzer

138 Vgl. Pousttchi, Selk, & Turowski, 2002, S. 56-57
139 Vgl. Finkenzeller, 2008, S. 424

ohne Verwendung einer Anleitung ein Mobile Payment-Verfahren anwenden können, und schon nach wenigen Zahlungen Routine darin entwickeln.[140]

Da die Grenzen in diesen Aspekten fließend sind und kein endgültiges Maß für Bedienbarkeit und Vorgangsdauer existiert, wird in Tabelle 12 wie auch im Falle der anderen in diesem Kapitel vorgestellten Kriterien nur eine grobe, schematische Unterteilung (beispielsweise „einfach/kompliziert") vorgenommen. Die Kriterien werden jedoch anhand der Praxisbeispiele weiter unten noch genauer diskutiert und differenzierter besprochen.

Benutzer-freundlichkeit	Bedienung		Vorgangsdauer	
	Einfach	Kompliziert	Kurz	Lang

Tabelle 12: Merkmale des Klassifizierungskriteriums Benutzerfreundlichkeit

4.2 Vertraulichkeit der Daten

Eine weitere Variable stellt das Vertrauen der Nutzer in ein Mobile Payment-Verfahren dar (siehe Tabelle 13), was besonders auf der Kundenseite ein entscheidendes Kriterium ist. Insbesondere bei elektronischen Bezahlverfahren, bei denen der Käufer meistens persönliche Daten bekanntgeben muss, hat dies eine erhebliche Bedeutung. Wichtig ist, zu erkennen, dass die Einschätzung und Beurteilung der Sicherheit subjektiv durch den Anwender erfolgt und gegebenenfalls auch Fehleinschätzungen beinhalten kann. Auch kann das subjektive Sicherheitsempfinden aufgrund von soziokulturellen Merkmalen des Nutzers äußerst unterschiedlich ausgeprägt sein; so ist beispielsweise die Bereitschaft zur Übermittlung vertraulicher Daten in den USA um einiges höher als in Deutschland.[141] Dies kann demzufolge für einen deutschen Verbraucher eher ein Ausschlusskriterium bedeuten, denn nur jeder vierte Verbraucher in Deutschland ist bereit, personenbezogene Daten im Internet einzugeben.[142] Je weniger Daten preisgegeben werden, desto besser ist also dieses Akzeptanzkriterium erfüllt.[143]

140 Vgl. Pousttchi, Selk, & Turowski, 2002, S. 56
141 Vgl. Pousttchi, Selk, & Turowski, 2002, S. 54-55
142 Vgl. Heng, 2004, S. 5
143 Vgl. Pousttchi, Selk, & Turowski, 2002, S. 54-55

Vertraulichkeit der Daten	Kaum eingeschränkt	Eingeschränkt	Sehr eingeschränkt

Tabelle 13: Merkmale des Klassifizierungskriteriums Subjektive Sicherheit

Um personenbezogene Daten im E-Commerce besser zu schützen, steht seit März 2010 eine neuentwickelte Technologie von Microsoft namens U-Prove bereit. Das Programm verwaltet die persönlichen Daten einer Person und überträgt diese bei Bedarf, z.B. bei einem Einkauf durch die Technik der minimalen Datenübermittlung an den Händler. Der Händler bekommt nur die Daten, die er für seine Verkaufsabwicklung benötigt und keine für ihn unnötigen Daten, wie beispielsweise das Geburtsdatum des Käufers. Mit dieser innovativen Technik könnten digitale Identitäten besser geschützt und das Vertrauen der Käufer im Internet deutlich verbessert werden.[144]

Die Datensparsamkeit bei personenbezogenen Daten ist eine Maßnahme, um das Vertrauen auf der Kundenseite zu stärken. Die technische Sicherheit bei elektronischen Bezahlverfahren ist für die Vertrauensbildung ebenso von besonderer Bedeutung.[145] Vertraulichkeit der Daten kann zum Beispiel durch Verschlüsselung erreicht werden, wobei die Authentizität der Daten durch digitale Signaturen zu prüfen ist – weitere Maßnahmen für eine vertrauenswürdige Kommunikationsbasis finden sich im Kapitel 3 "Klassifizierungskriterien (II): Technologien". Jedoch ist davon auszugehen, dass die meisten Nutzer nur wenig Wissen über die Sicherheit verschiedener Verschlüsselungsmethoden mitbringen.

Sind alle Anforderungen für ein sicheres System geschaffen, kann das Ergebnis der subjektiven Bewertung, abhängig von der technischen Versiertheit des jeweiligen Nutzers, trotzdem ganz anders ausfallen. So kann es zu Fehleinschätzungen bei Anwendern mit geringem technischem Hintergrundwissen respektive der Sicherheit kommen. Hinzu kommt die eventuelle Ablehnung von sicheren technischen Innovationen, die dadurch (womöglich unverhältnismäßig) komplexer in der Bedienung (siehe Abschnitt 4.1) sind oder die Anschaffung eines eigenen Gerätes (mit Mehrkosten verbunden) erfordern.[146] So ist beispielsweise das HBCI-Verfahren mittels der Signaturkarte des Deutschen Kreditausschusses (DK; ehemals Zentraler Kreditausschuss) und einem Chipkartenlesegerät, um Bankgeschäfte online auszuführen, deutlich sicherer als das herkömmliche

144 Vgl. Gaehtgens, 2010
145 Vgl. Noël & Pohle, 2005, S. 5
146 Vgl. Breitner, 2004, S. 6, 11

PIN/TAN-Verfahren. Trotz höchstem Sicherheitsniveau ist das Verfahren jedoch wenig verbreitet.[147]

Auch der Betreiber des Bezahlverfahrens ist für die Vertrauensfrage wichtig. 30,3 Prozent der 567 Befragten einer Erhebung des Bundeswirtschaftsministeriums gab an, sie würde Kreditinstituten bei der Durchführung von mobilen bzw. elektronischen Bezahlsystemen vertrauen, wohingegen nur 3,9 Prozent einem Mobilfunkanbieter oder 1,8 Prozent einem speziellen Mobile Payment-Anbieter Vertrauen schenken würden (49 Prozent machten keine Angabe und 16,8 Prozent wollten niemandem vertrauen).[148] Daran lässt sich die Notwendigkeit der Kooperation zwischen Mobile Payment-Anbietern und als vertrauenswürdig empfundenen Institutionen erkennen. So leiten zum Beispiel viele Händler zur Durchführung von Kreditkartenzahlungen die Zahlung an eine dritte vertrauenswürdige Seite von MasterCard und Visa weiter: dieses System nennt sich 3-D-Secure. 3-D-Secure bietet zwar keine objektive Senkung der inhärenten Gefahren der Kreditkartenzahlung im Internet,[149] dient aber in Zweifelsfällen der Vertrauensbildung beim Kunden und der Absicherung des Händlers.

4.3 Verbreitungsgrad

Des Weiteren beeinflusst die existierende Verbreitung mobiler Lösungen die weitere Akzeptanz, insbesondere wenn die Systeme in Konkurrenz miteinander stehen können. Werden bestimmte mobile Bezahlverfahren nur bei wenigen Händlern akzeptiert, findet auch keine weitere Verbreitung von Akzeptanzstellen und Nutzung unter Mobile-Payment-Anwendern statt.[150] Somit besteht hier das Risiko der Pfadabhängigkeit, also dass zukunftsfähige Systeme sich aufgrund mangelnder Verbreitung nicht weiter verbreiten und weniger sinnvolle Systeme, die schon akzeptiert sind, hingegen bestehen bleiben – Paradebeispiel hierfür ist die Durchsetzung der QWERTY-Tastatur trotz ihrer relativen Ineffizienz[151]. Zudem sind bei mobilen Bezahlverfahren erhebliche Skalenökonomien zu berücksichtigen; ggf. muss zur endgültigen Durchsetzung eines Verfahrens erst ein gewisser „tipping point" erreicht werden, ab dem genügend Nutzer sich an das System gewöhnt haben, und ihm in ihrem Bekanntenkreis zu weiterer Bekanntheit verhelfen.[152] Hier stellt sich in gewisser Weise das klassische „Henne-Ei-Pro-

147 Vgl. Jäger, 2006
148 Vgl. Bundesministerium für Wirtschaft und Arbeit , 2004, S. 1
149 Vgl. Kirsch, 2010
150 Vgl. Hans, 2009, S. 29
151 Vgl. Liebowitz & Margolis, 1995, S. 205
152 Vgl. Gladwell, 2000

blem“: Händler implementieren kein System, das bei Kunden nicht bekannt ist, andererseits akzeptieren Kunden kein System, das bei Händlern nicht verbreitet ist und nur selten zur Zahlung genutzt werden kann.[153]

Auch ist in diesem Zusammenhang die internationale Verbreitung ein weiterer Einflussfaktor, da sie sich positiv auf eine länder- und währungsübergreifende Einsetzbarkeit auswirken kann, sowohl durch Nachahmereffekte als auch durch die höhere Qualität von Systemen, die in sich anderen Kontexten schon bewährt haben und weiterentwickelt wurden.[154] Dieses Buch geht daher in Kapitel 7 explizit auf die internationale Situation auf dem Markt für Mobile Payment-Verfahren ein.

Verbreitungsgrad	Anzahl Akzeptanzstellen und Nutzer			Verbreitung	
	Niedrig	Mittel	Hoch	National	International

Tabelle 14: Merkmale des Klassifizierungskriteriums Verbreitungsgrad

Als ein Maßstab eines internationalen hohen Verbreitungsgrades wird die Zahl der Akzeptanzstellen von Kreditkarten wie Visa und MasterCard gesehen.[155] Mit rund durchschnittlich 490.000 deutschen[156] und 24 Millionen internationalen Akzeptanzstellen gehören Visa und MasterCard global zu den führenden elektronischen Zahlungsmitteln.[157] Das nationale Kartensystem Girocard (ehemals electronic cash) weist mit rund 600.000 Akzeptanzstellen ebenfalls eine hohe Verfügbarkeit am Point-of-Sale auf.[158] Bei einer geringeren Verfügbarkeit von Akzeptanzstellen kann der Kunde sich jedoch nicht unbedingt darauf verlassen, dass „sein“ mobiles Bezahlverfahren beim Händler präsent ist und muss sich ggf. im Voraus informieren oder Alternativen bereithalten, womit die praktische Dimension, nur noch mit dem Handy zahlen zu können, schwindet.[159] Oft ist dieser niedrige Verbreitungsgrad im Anfangsstadium des Adoptionsprozesses anzutreffen, in dem auch die meisten möglichen Technologien scheitern. Erst durch die zunehmende Akzeptanz durch sogenannte „early adopters“, zum Beispiel eine Gruppe größerer bekannterer Firmen, kann die Lücke zu den Durchschnittsver-

153 Vgl. Selk & Turowski, 2002, S. 8
154 Vgl. Hans, 2009, S. 29
155 Vgl. Pousttchi, Selk, & Turowski, 2002, S. 56
156 Vgl. Balser, 2003-2010
157 Vgl. MSM Consulting, 2003-2010
158 Vgl. Bundesverband der Deutschen Volksbanken und Raiffeisenbanken e.V. (BVR, 2008
159 Vgl. Pousttchi, Selk, & Turowski, 2002, S. 56

brauchern geschlossen und damit der Weg zur breiteren Akzeptanz geöffnet werden.[160]

4.4 Kosten

Die entstehenden Kosten in einem Bezahlsystem sind für den Kunden sowie für den Händler zur Margenerhaltung bzw. Preisstabilität von herausragender Bedeutung. Für beide Akteure sollten die Kosten so gering wie möglich sein; im besten Fall sollten Systeme sogar so kostenlos sein, wie Bargeld.[161] Die in Tabelle 15 aufgeführten Kosten werden in Transaktionskosten, Fixkosten und Anschaffungskosten von Hardware und Software unterteilt. Fixkosten sind beispielweise Grundgebühren, die zu einem Zeitpunkt oder in einem bestimmten Zeitintervall anfallen. Als allgemein akzeptierte Obergrenze von Grundgebühren zählt die 5-Euro-Marke[162], die vergleichbar mit Bargeldabhebungen mit der GiroCard an institutsfremden Geldausgabeautomaten oder mit der Kreditkarte ist. Kosten, die oberhalb bzw. unterhalb dieser Marke liegen werden in dieser Arbeit als niedrig oder hoch eingestuft.[163] Transaktionskosten fallen erst bei Gebrauch bzw. bei Ausführung des Zahlungsvorganges an und können unterschiedlich hoch ausfallen.[164]

Besonders auf dem deutschen Markt hat sich eine „Kostenlos-Kultur" durchgesetzt, da viele Angebote im Internet und sogar im Bankenbereich – Girokonten inklusive GiroCard und Kreditkarten – kostenlos zur Verfügung gestellt werden. Dadurch ist es auch nicht verwunderlich, dass jüngst entwickelte Mobile Payment-Lösungen, bei denen der Kunde sich an den Kosten beteiligen musste, aufgrund mangelnden Interesses wieder eingestellt wurden. Beispielsweise mussten Kunden für die Nutzung des mittlerweile eingestellten mobilen Bezahlsystem moxmo eine Jahresgebühr von 9,50 Euro bezahlen.[165]

Die Entwickler haben inzwischen erkannt, dass nur durch eine Umwälzung der Kosten auf den Händler (somit unsichtbar für den Kunden) und mit der richtigen Preisstrategie, z.B. der Penetrationsstrategie oder der Promotionspreisstrategie, es zu einer Marktdurchdringung kommen kann. Die Möglichkeit, diese Kosten in den Verkaufspreis einzuarbeiten, ist durch die Angebotstransparenz im Internet sehr gering. Auch die kostenlosen konkurrierenden Zahlungssysteme im

160 Vgl. Lammer, 2004, S. 30-32
161 Vgl. Dombret, 2008, S. 25
162 Vgl. Khodawandi, Pousttchi, & Wiedemann, 2003, S. 49
163 Vgl Pousttchi, Selk, & Turowski, 2002, S. 55
164 Vgl. Pousttchi, Selk, & Turowski, 2002, S. 55
165 Vgl. Mansmann, 2004

E-Commerce für Händler und Kunden, wie der Lastschrifteinzug, erschweren eine Marktdurchdringung. Ein Händler möchte natürlich das für ihn günstigste System anschaffen und andere auslassen, doch andererseits kann der Händler Kunden verlieren, wenn er die vom Kunden geforderten Zahlungssysteme nicht anbietet.[166] Um dieses Problem zu umgehen, bieten einige Händler vielfältige Zahlungsmöglichkeiten mit unterschiedlicher Zahlungsgebühr beim Kauf an [167]

Kosten für Zahlungsempfänger	Transaktionskosten (Variable Kosten)				Grund-gebühr (Fixkosten)	Anschaf-fungs-kosten
	keine	Hoch	Mittel	Niedrig		
Kosten für Zahlungspflichtigen	Transaktionskosten (Variable Kosten)				Grund-gebühr (Fixkosten)	Anschaf-fungs-kosten
	keine	Hoch	Mittel	Niedrig		

Tabelle 15: Merkmale des Klassifizierungskriteriums Kosten

Die dritte Kostenkomponente sind die ursprünglichen Anschaffungskosten für das jeweilige Mobile Payment-Verfahren. Auf der Händler- und Kundenseite können Kosten bei der Anschaffung oder Aufrüstung von Händlerterminal (Point-of-Sale), Automaten oder Mobiltelefonen sowie die Implementierung von Software für das spezielle Mobile Payment-System entstehen.[168] Ein Beispiel hierfür ist die NFC-Technologie. Um das mobile Bezahlverfahren mit der Übertragungstechnologie zu nutzen, müssen sich Kunden ein NFC-fähiges Mobiltelefon anschaffen. Anderseits sind die Händler gezwungen, ihre bestehenden Händlerterminals auszutauschen oder aufzurüsten, um das das mobile Bezahlverfahren zu akzeptieren. Somit besteht hier ein möglicher Zielkonflikt zwischen dem Ziel, innovativere und sicherere Technologien einzuführen, und dem Ziel, die Kosten für beide Nutzergruppen Händler und Kunden gering zu halten.

166 Vgl. Krabichler, Wittmann, Stahl, & Breitschaft, 2008, S. 23-66
167 Vgl. Dombret, 2008, S. 25
168 Vgl. Lenz, 2004, S. 70

5. Rahmenbedingungen und Akzeptanz in Deutschland

Wie in den vorausgegangenen Kapiteln dargestellt, sind mobile Bezahlsysteme anhand von verschiedenen Kriterien zu klassifizieren und müssen bestimmte Standards erfüllen, um Funktionalität und Sicherheit zu bieten. Es stellt sich aber aus den Erfahrungen mit verschiedenen Mobile Payment-Systemen heraus, dass die technische Umsetzung im Mobile Payment nicht allein entscheidend ist. Selbst wenn ein technisch funktionsfähiges und ausreichend sicheres System entwickelt werden kann, liegt die endgültige Frage der Akzeptanz und Verwendung bei den Nutzern, also auf der Kunden- und Händlerseite. In diesem Kapitel wird genauer auf die Anforderungen jener Kunden und die Rahmenbedingungen im Fall Deutschland eingegangen.

5.1 Anforderungen von Kunden und Händlern

Die aufgeführten unterschiedlichen Merkmale von mobilen Bezahlsystemen in den Kapiteln 2 bis 4 ermöglichen sowohl die Einordnung beliebiger Mobile Payment-Verfahren aus Händler- und Kundensicht, als auch eine strukturierte Darstellung beidseitiger Nutzerpräferenzen. Die Merkmale eines Mobile Payment-Systems müssen so zusammengesetzt sein, dass es sowohl vom Händler als auch vom Kunden tatsächlich angenommen wird.[169] So wurden in den letzten Jahren einige innovative mobile Zahlungsverfahren erprobt, bei denen die neue einzusetzende Technik sehr im Vordergrund stand, während die Bedürfnisse der Nutzer (Kunden und Händler) nur unzureichend gedeckt wurden.[170] Hier werden daher vor allem die Bedürfnisse der Nutzer untersucht.

In Abbildung 11 ist zu sehen, dass sich die Anforderungen an Zahlungsmechanismen aus Händler- und Kundensicht überwiegend miteinander decken und nur wenige Anforderungen im Konflikt miteinander stehen. Es ist aber zu erwarten, dass die Anforderungen der Kunden und Händler jeweils unterschiedliche Gewichtungen haben, und insofern tendenziell kundenfreundlichere und händlerfreundlichere Systeme identifiziert werden können.[171]

169 Vgl. Henkel, 2001, S. 103-121
170 Vgl. Dombret, 2008, S. 23
171 Vgl. Dombret, 2008, S. 22-23

Abbildung 11: Übersicht zu den Merkmalen und Anforderungen von Mobile Payment

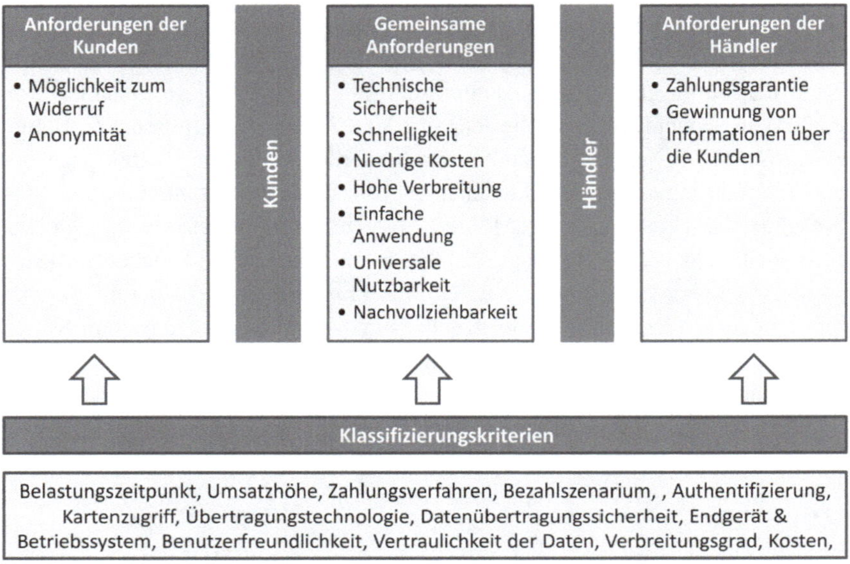

In Anlehnung an: Dombret, 2008, S. 23

Bei der Wahl aus einer Reihe vom Händler angebotener Verfahren, die ein Kunde zu treffen hat, zählen vor allem technische Sicherheit, keine bzw. geringe Kosten und einfache Bedienbarkeit.[172] Der Händler hingegen wünscht sich bei der Wahl der Zahlungsverfahren, die er anbieten will, keine bzw. geringe Zahlungsausfälle, bestenfalls aber garantierte Zahlungen. Außerdem ist es sowohl für den Händler als auch für den Kunden wichtig, dass Bezahlverfahren einen hohen Verbreitungsgrad erreichen.[173]

172 Vgl. Krüger, Leibold, & Smasal, 2008b, S. 31-32
173 Vgl. Krüger, Leibold, & Smasal, 2008a, S. 47-48

Abbildung 12: Gewichtung verschiedener Anforderungen bei Kunden und Händlern

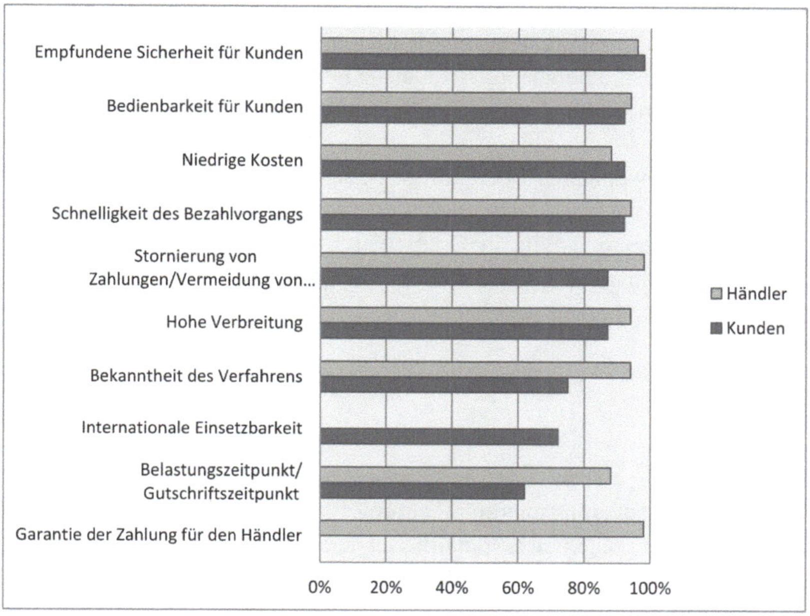

Datenquelle: Khodawandi, Pousttchi, & Wiedemann, 2003, S. 48; Krüger, Leibold, & Smasal, 2008a, S. 48; Krüger, Leibold, & Smasal, 2008b, S. 32

In Abbildung 12 sind einige Anforderungen aus Kunden- und Händlersicht zu sehen. Interessanterweise ist es für den Verkäufer und Kunden annähernd gleich wichtig, dass ein Zahlungsverfahren einfach bedienbar ist (94 Prozent) und die Kunden sich dabei sicher fühlen (96 Prozent). An erster Stelle stehen allerdings knapp davor die eigenen Interessen des Händlers wie Zahlungsgarantie (98 Prozent) und Zahlungsausfallsicherheit (98 Prozent).

Der Kostenaspekt ist für beide Akteure ausschlaggebend, um den Einsatz eines Mobile Payment-Verfahrens interessant oder unattraktiv zu machen: 92 Prozent der Kunden und 88 Prozent der Händler achten auf Kosten bei der Anschaffung von Hardware, Transaktionskosten und Grundgebühren. Hierbei ist es für beide Seiten wünschenswert, dass die Kosten so gering wie möglich sind. Die Schnelligkeit bei der Ausführung eines Zahlungsvorganges ist für den Händler zu 94 Prozent und für den Kunden zu 92 Prozent ein wichtiger Faktor.

Natürlich sollte ein mobiles Bezahlverfahren auch weit verbreitet sein: Für den Käufer ist es zu 87 Prozent von Bedeutung, dass das Bezahlverfahren von vielen Händlern akzeptiert wird; für 72 Prozent der Nutzer auch im internationalen Bereich. Verkäufer wünschen sich wiederum zu 94 Prozent eine hohe Akzeptanz in der Käuferschicht. Das liegt u.a. an den relativ hohen Anschaffungskosten für Händlerterminals oder entstehende Grundgebühren, die erst durch entsprechende Umsätze lohnend gemacht werden müssen. Ob die Zahlung im Voraus, sofort oder zu einem späteren Zeitpunkt beglichen wird, spielt nur für 62 Prozent der Kunden eine wichtige Rolle; sie ist jedoch für Händler zu 88 Prozent ein wichtiger Aspekt, da sie aus Liquiditätsgründen eine frühe Gutschrift bevorzugen.[174]

Aus diesen gewonnenen Erkenntnissen zeigt sich, welche Faktoren für beide Parteien besonders wichtig sind, um ein mobiles Bezahlsystem zu akzeptieren. In Kapitel 6 „Anwendungsfälle in Deutschland“ wird sich anhand ausgewählter Systeme zeigen, inwieweit von den Betreibern bzw. Entwicklern diese Anforderungen beachtet und erfüllt werden.

5.2 Akzeptanz und Verbreitung

Im Abschnitt 4.3 „Verbreitungsgrad“ wurde das Thema Verbreitung bereits als wichtiges Klassifizierungsmerkmal aufgegriffen und erläutert. Im Folgenden richten wir unser Augenmerk detaillierter auf Nutzungsstatistiken von Mobilfunkgeräten, Bezahlsystemen und Bezahlszenarien.

5.2.1 Allgemeine Nutzungsstatistiken

Das wichtigste Medium für Mobile Payment ist das Handy selbst. Je weniger Menschen mit diesem Gerät (oder bestimmten Varianten davon) ausgestattet sind, desto schwerer verbreitet sich ein mobiles Bezahlsystem. Im Juni 2006 wurde die 100 Prozent-Marke bei der Verbreitung von Mobiltelefonen in der Bevölkerung erreicht (es gab damals also genauso viele Mobilfunkanschlüsse wie Menschen in Deutschland).[175] Diese Mobilfunkanschlüsse sind jedoch ungleich verteilt, und nicht jeder (insbesondere junge Kinder, oder sehr alte Menschen) hat ein Mobiltelefon, während andere mehr als eines haben. Wie im Abschnitt 3.5 schon gezeigt wurde, besitzen derzeit rund 90 Prozent der deutschen Bevölkerung ein Handy. Das bietet erst mal eine gute Voraussetzung für ein mobiles Bezahlverfahren in Deutschland.

Nur verfügt nicht jedes der verwandten Geräte über die benötigten technischen Voraussetzungen für die Ausführung eines bestimmten mobilen Bezahl-

174 Vgl. Khodawandi, Pousttchi, & Wiedemann, 2003, S. 48; Krüger, Leibold, & Smasal, 2008a, S. 48; Krüger, Leibold, & Smasal, 2008b, S. 32

175 Vgl. Sigler, 2007

verfahrens. Einige mögliche Bezahlverfahren arbeiten mit Nahfrequenzübertragungssystemen wie NFC, andere mit Funknetzen wie UMTS, doch nicht jedes Gerät erfüllt die jeweiligen Anforderungen. Laut einer Schätzung von 2010 würden im Jahr 2012 gerade einmal 20 Prozent der Mobilfunkgeräte mit der NFC-Technologie ausgestattet sein[176] und 3G-Telefone mit UMTS-Technologie waren im Jahr 2010 mit 58 Prozent vertreten.[177] Wie zu sehen ist, ist die Verbreitung von bestimmten Technologien via Mobiltelefon noch im Gange und wird erst in den nächsten Jahren vollumfänglich etabliert sein.

Als nächstes werden hier die unterschiedlichen Bezahlszenarien betrachtet, die im Abschnitt 2.4 „Bezahlszenarien" erklärt wurden. Der stationäre Handel ist bei Weitem der wichtigste Umsatzträger des deutschen Einzelhandels. Der Anteil des stationären Handels am Gesamthandelsumsatz lag im Jahr 2009 bei durchschnittlich 85 Prozent, wohingegen das E-Commerce nur 6 Prozent[178] verzeichnete. Die restlichen 9 Prozent entfielen auf den traditionellen Kataloghandel per Telefon, Post oder E-Mail.[179] Eine weitere Studie der Deutschen Bundesbank aus dem Jahr 2009 zeigt, dass im stationären Handel mit 82 Prozent der Transaktionen immer noch Bargeld das dominierende Zahlungsmittel ist. Die Bankkarte wird nur bei 12 Prozent aller Einkäufe zum Einsatz gebracht, und die Kreditkarte kommt gerade einmal auf 1 Prozent. Schaut man auf den Wert der Waren und Dienstleistungen sinkt der Bargeldanteil zwar auf 58 Prozent, bleibt aber immer noch dominierend, und der Anteil der Bankkarten am Gesamtumsatz beträgt 27 Prozent und der der Kreditkarte 4 Prozent.[180] Die Zahlen zeigen das wenig überraschende Ergebnis, dass besonders kleinere Beträge mittels Bargeld und höhere Beträge eher per Bankkarte oder per Kreditkarte bezahlt werden, jedoch bleibt Bargeld weiterhin der größte Umsatzträger. Offenbar spricht im stationären Handel noch vieles für den praktischen, anonymen und nicht-elektronischen Zahlungsvorgang mittels Scheinen und Münzen.

Der Onlinehandel im E-Commerce ist zwar nicht der umsatzstärkste Bereich des deutschen Einzelhandels, dennoch kauften 2010 schon 42 Prozent aller Privatpersonen über das Internet Waren oder nutzten Dienstleistungen.[181] Um das Zahlungsverhalten im E-Commerce genauer zu betrachten werden hier zwei Studien herangezogen. Eine Analyse von ibi research zeigte vor wenigen Jahren, dass 65 Prozent der Onlinekäufer die Zahlungsabwicklung mittels Rechnung bevorzugen. Nur 13 Prozent zogen die Kreditkarte, 12 Prozent das Lastschriftver-

176 Vgl. inside-intermedia Onlineverlag GmbH & Co. KG, 2010
177 Vgl. Heng, 2006
178 Gemessen am Gesamteinzelhandelsumsatz von 392,1 Mrd. Euro, davon entfallen 23,7 Mrd. Euro E-Commerce Umsätze
179 Vgl. Handelsverband Deutschland Einzelhandel (HDE), 2010, S. 2, 4
180 Vgl. Deutsche Bundesbank, 2009, S. 47
181 Vgl. Bundesamt für Sicherheit in der Informationstechnik, 2010

fahren und 8 Prozent E-Payment-Lösungen vor.[182] Eine Erhebung der Deutschen Bundesbank zeigte indes, dass 49 Prozent ihre online bestellte Ware oder Dienstleistung per Rechnung (Überweisung) zahlen. Nur 19 Prozent aller Käufer nutzen das Lastschriftverfahren, 9 Prozent E-Payment-Verfahren, 8 Prozent die Kreditkarte und 7 Prozent bezahlen per Nachnahme (Bargeld). Im Anhang sind detailliertere Übersichten (Abbildung 25 – Abbildung 26) dieser Daten zu finden.[183] Beide Studien belegen zwar unterschiedliche Zahlen dank ihrer unterschiedlichen Ansätze, doch zeigen sie, dass auch im E-Commerce noch immer die originären Zahlungsverfahren wie Überweisung und Lastschrift dominieren.

Beim stationären Handel an Automaten sieht die Verteilung der einzusetzenden Zahlungsarten anders aus. Bargeld ist mit 90 Prozent der Transaktionen das führende Zahlungsmittel; 5 Prozent der Transaktionen finden durch das Girocard-Verfahren (ehemals electronic cash) statt, und die eigentlich für Kleinbetrags-Zahlungen gedachte Alternative, die Geldkarte, wird nur bei 4 Prozent (gewichtet nach Transaktionsvolumen) eingesetzt. Zu guter Letzt fallen Zahlungen auch oft zwischen Personen an. Das Bargeld ist hierbei eindeutig das beliebteste Zahlungsmittel; 94 Prozent der Zahlungen werden per Bargeld getätigt. Nur 2,7 Prozent der Transkationen fallen auf die Bankkarte, und bei 1,5 Prozent wird auf das Bankkonto überwiesen.[184]

5.2.2 Verteilung über Nutzerschichten

Bei der Verteilung über Nutzerschichten wird unterstellt, dass unterschiedliche Zahlungsarten von den soziodemographischen Merkmalen, beispielsweise Geschlecht, Alter, Bildungsstand, Einkommen, oder Herkunft der Nutzer beeinflusst werden. Die Verwendung von Zahlungsinstrumenten nach soziodemographischen Merkmalausprägungen werden in den folgenden Abschnitten genauer beschrieben.[185]

Ein erster Unterschied ist zwischen den Geschlechtern zu erkennen. Die Deutsche Bundesbank ermittelte hier, dass Frauen zu 62 Prozent bevorzugt zum Bargeld greifen, im Gegensatz zu Männern mit nur 54 Prozent. Auf der anderen Seite verwenden Männer mit 6 Prozent gerne die Kreditkarte, wobei nur 1,5 Prozent aller Frauen die Karte einsetzen, was nicht zuletzt an ihrem geringeren Kreditkartenbesitz liegt (siehe Abbildung 13).

182 Vgl. Krabichler, Wittmann, Stahl, & Breitschaft, 2008, S. 60-61
183 Vgl. Deutsche Bundesbank, 2009, S. 87
184 Vgl. Deutsche Bundesbank, 2009, S. 87
185 Die Anteile von Zahlungsinstrumenten sind nach dem Gesamtumsatz gewichtet.

Abbildung 13: Verwendung von Zahlungsinstrumenten nach Geschlecht

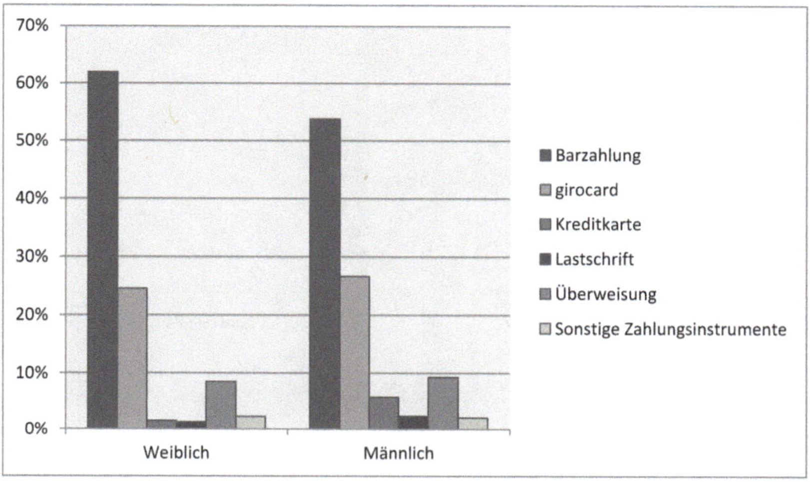

Datenquelle: Deutsche Bundesbank, 2009, S. 54

Die Bargeldnutzung ist über alle Altersklassen hinweg vorwiegend. In der jüngsten Gruppe (18-24 Jahre) und Ältesten (über 65 Jahre) zeigt sich aber der höchste Bargeldeinsatz. Der hohe Barbezahlungsanteil bei den Älteren liegt an der Vertrautheit und Bequemlichkeit dieses Zahlungsmittels. Die jüngste Altersgruppe begleicht hingegen im Durchschnitt Barzahlungen meist im Betragsbereich von 20 Euro oder weniger, und verfügt über wenige alternative Zahlungsmittel. Die Bankkarte und die Kreditkarte werden in der Altersgruppe 35-44 Jahren mit jeweils 31 Prozent und 5 Prozent am stärksten genutzt (siehe Abbildung 14).

Abbildung 14: Verwendung von Zahlungsinstrumenten nach Altersklassen

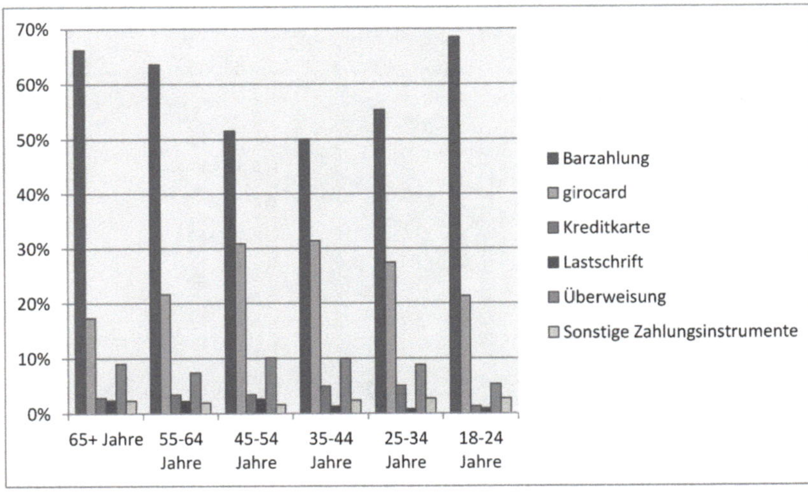

Datenquelle: Deutsche Bundesbank, 2009, S. 53

Bei der Verwendung verschiedener Zahlungsarten nach höchstem erreichtem Bildungsabschluss ist zu sehen, dass in Schichten mit höherem Bildungsabschluss die Bargeldverwendung geringer ist. Umgekehrt verhält es sich bei den Kartenzahlungen (siehe Abbildung 27 im Anhang). Ein Übereinstimmendes Bild zeigt sich auch nach der Einkommensverteilung, welche mit dem Bildungsabschluss korreliert. Je höher das Einkommen, desto weniger wird mit Bargeld gezahlt und desto mehr mit Kreditkarte, Bankkarte, Überweisung und Lastschrift (siehe Abbildung 28 im Anhang).
Bei der Verwendung von Bezahlverfahren nach dem Merkmal des Migrationshintergrundes gibt es allerdings keine nennenswerten Unterschiede. Vergleicht man hingegen die alten mit den neuen Bundesländern, so sieht man, dass Barzahlungen in den neuen Bundesländern um 18 Prozent höher sind und Bankkarten um 10 Prozent weniger genutzt werden (siehe Abbildung 29 im Anhang).

5.2.3 Sozio-demographische Nutzungsfaktoren

Über die Akzeptanz oder Nicht-Akzeptanz eines mobilen Bezahlverfahrens entscheidet nahezu ausschließlich der Kunde.[186] Dabei spielen viele Wesensmerkmale einer Mobile Payment-Technologie eine Rolle, wie in den Kapiteln 2

186 Vgl Pousttchi, Selk, & Turowski, 2002, S. 55-57

„Klassifizierungskriterien (I): Zahlungsablauf“ bis 4 „Klassifizierungskriterien (III): Nutzerwünsche“ aufgezeigt wird. Auch wurde im Abschnitt 5.1 „Anforderungen“ dargestellt, inwiefern Kunden unterschiedliche Präferenzen für die jeweiligen Aspekte eines Zahlungsverfahrens haben, so dass nicht alle gleich zu bewerten sind. Diese Erkenntnisse geben aber noch nicht genügend Aufschluss darüber, ob eine Mobile Payment-Lösung die Chance hat, sich in Deutschland oder anderswo zu etablieren. Um dies anhand von sozio-ökonomischen Gegebenheiten genauer zu untersuchen, findet sich in der soziologischen Marktforschung ein geeignetes Analysemodell: Die Sinus-Milieus.

Das Modell der Sinus-Milieus stellt die in Deutschland lebende Bevölkerung anhand von unterschiedlichen Wertvorstellungsmustern und sozio-ökonomischen Schichten dar, und teilt sie in verschiedene Gruppen ein. In Abbildung 15 ist zu sehen, dass das Modell drei soziale Schichten (hier: Lagen) unterscheidet: Oberschicht, Mittelschicht und Unterschicht. Außerdem werden drei Werte-Grundorientierungen differenziert: traditionelle Werte, Modernisierung und Neuorientierung. Das Sinus-Milieu-Modell von 2009 unterscheidet entlang dieser Dimensionen zehn Zielgruppen: Konservative, Traditionsverwurzelte, DDR-Nostalgische, Konsum-Materialisten, Hedonisten, Experimentalisten, moderne Performer, Postmaterielle, Etablierte sowie die diffuse Restkategorie der bürgerlichen Mitte.

Abbildung 15: Verteilung der Sinus-Milieus in Deutschland

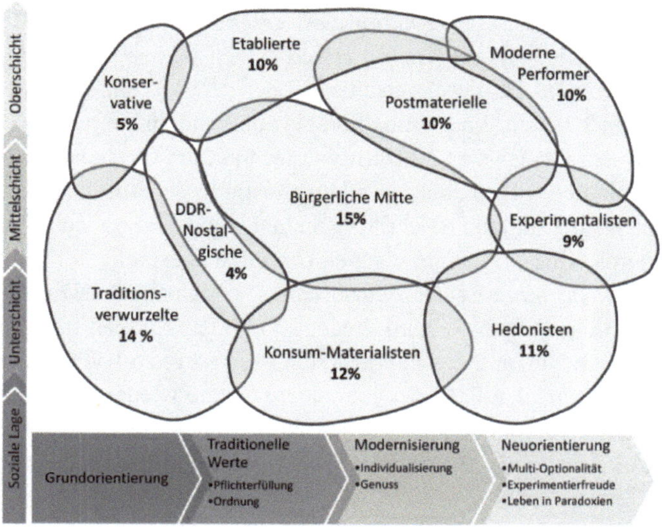

Entnommen aus: Sinus Sociovision GmbH, 2009

Es stellt sich in diesem Kontext die Frage, wie die Werte, Lebensstile, Lebensziele und Einstellungen potenzieller Mobile Payment-Anwender aussehen könnten, wie sich diese klassifizieren lassen, und wie diese sich auf ihre Bereitschaft, mit dem Handy zu zahlen, auswirken könnten. Hierfür geben die Analysen von Sinus Sociovision gewisse Aufschlüsse.[187]

Die *Etablierten* beispielsweise begeistern sich gerne für innovative Technik und zählen oft zu den sogenannten Early Adoptern, die als erste eine neue Technologie in ihr Alltagsleben aufnehmen; sie legen viel Wert auf Design, Ausstattung, Qualität von Produkten und zahlen auch einen entsprechend hohen Preis, um mit ansprechenden neuen Produkten oder Techniken aufzutrumpfen. Neue Kommunikationstechnologien müssen für sie in erster Linie zuverlässig, schnell und effizient sein. Das Verhalten der *Postmateriellen* gegenüber technischen Produkten ist etwas zurückhaltender. Sie bevorzugen einfach funktionierende, selbsterklärende, zuverlässige und nachhaltige Kommunikationstechnologien. Neue Geräte werden zur persönlichen Entlastung angeschafft und nicht als Statussymbol. *Moderne Performer* hingegen genießen die Freiheit und Vielfalt der Kommunikationstechnologien sowohl anhand ihrer Klasse als auch ihrer Masse; der Besitz von vielen hochwertigen und neuen Produkten als Distinktionsmerkmal sowie die ständige Erreichbarkeit zeichnet dieses Milieu aus.

Am anderen Ende der Werteskala sind die *Konservativen* mittlerweile etwas aufgeschlossener gegenüber neuen Technologien geworden. Es besteht aber weiterhin eine große Diskrepanz zu den Vorreitern; stattdessen wird im Zweifelsfall gerne noch auf Altbewährtes zurückgegriffen – etwa den Überweisungsschein statt der Handyzahlung. Die *Traditionsverwurzelten* bilden das im Durchschnitt älteste Milieu. Anders als die Konservativen lehnen sie neue Technologien meist ganz und gar ab. Das Durchschnittsalter bei den *DDR-Nostalgischen* liegt indes auch bei über 50 Jahren. Laut Sinus Sociovision gehören sie jedoch in ihrer Altersklasse zu den intensivsten Nutzern von technischen Geräten. Die Kommunikationstechnologien sollten aber vor allem günstig in der Anschaffung sein; variable Kosten werden möglichst gering gehalten. Externe Serviceleistungen werden gerne durch Hilfestellung im eigenen Umfeld eingespart.

Die *Bürgerliche Mitte* ist der statusorientierte Mainstream. Die Anschaffung neuester bezahlbarer Technik wird ergänzt durch das Streben nach immateriellem Prestige. Ihre Nutzung des Internets, um Preise zu vergleichen und anschließend in e-Shops einzukaufen bzw. gebrauchte Geräte wieder zu verkaufen, wird als hoch eingeschätzt. Dennoch bestehen ausgeprägte Ängste gegenüber diesen Kommunikationswegen, z.B. wegen des als hoch wahrgenommenen Risikos auf

187 Es sei an dieser Stelle noch kurz darauf hingewiesen, dass die Unterteilung und Eigenschaften der Gruppen nicht die Einschätzung der Autorin wiederspiegeln, sondern sich aus den Marktforschungsergebnissen von Sinus Sociovision zusammensetzen.

eine „Abzockerfalle" hereinzufallen, oder der Sorge, dass Daten über das Internet ausgespäht werden könnten. Am unteren Ende der sozio-ökonomischen Achse bilden die *Konsum-Materialisten* die Gruppe mit den geringsten finanziellen Mitteln; allerdings können sie von ihrem großen Bedürfnis nach technischen Innovationen als Statussymbol oft zum Kauf verleitet werden. Das Mobiltelefon und andere sichtbare Gadgets gehören zum Alltag, wobei andere Geräte wie der Computer mit Internetanschluss eher seltener angeschafft bzw. benutzt werden.

Experimentalisten zeigen sich aufgrund ihrer progressiven Wertorientierung kreativ und aufgeschlossen gegenüber neuen Kommunikationstechnologien. Ihre Ansprüche sind vor allem individuelle Gestaltbarkeit und Nutzbarkeit einer Technologie. Die Ausstattung des Produktes sollte aber nur die zu benötigten Funktionen abdecken und die Möglichkeit zur Erweiterung der persönlichen Spontanität und Kreativität offen halten. *Hedonisten* suchen derweil ständige Unterhaltung und Ablenkung im Alltag. Neue Kommunikationstechnologien bieten sich besonders gut an, um diese Bedürfnisse zu stillen. Der Kauf von neuen auditiven und visuellen Geräten ist sehr beliebt, wobei der Nutzungsaspekt oft eher im Hintergrund steht.[188]

Vergleicht man die einzelnen Milieus in der Ausprägung ihrer technischen Affinität, so ist in Abbildung 16 zu erkennen, dass Moderne Performer, Etablierte und Experimentalisten die höchste Affinität für neue Kommunikationstechnologien haben und insgesamt 29 Prozent der Bevölkerung bilden. Aufgrund ihrer verhältnismäßig hohen Kaufkraft sind auch ihre Bereitschaft und Fähigkeit, an neuen Zahlungsverfahren mittels mobiler Technologien höher als jene anderer Gruppen. Auf ihren Fersen folgen die nach Entlastung suchenden Postmateriellen, die statusorientierten Konsum-Materialisten sowie die erlebnisorientierten Hedonisten und die Bürgerliche Mitte; sie bilden eine weitere Zielgruppe von 48 Prozent, die an neuen Zahlungstechnologien mit dem Handy (aus unterschiedlichen Gründen) interessiert sein dürften. Der Rest der Bevölkerung ist anhand dieser Darstellung als langsamer und vorsichtiger in der Annahme neuer Techniken einzustufen, ist jedoch teilweise bereit neue Technologien anzunehmen wenn sie etabliert sind, teilweise aber auch ablehnend bis hin zur offenen Technikfeindlichkeit.

188 Vgl. SevenOne Media GmbH, 2007, S. 6-25

Abbildung 16: Milieutypischer Umgang neuer Kommunikationstechnologien

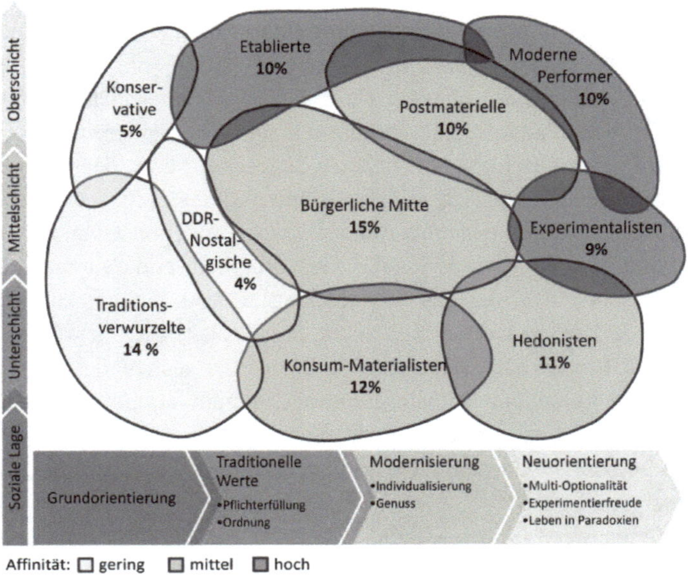

In Anlehnung an: Sinus Sociovision GmbH, 2009

5.3 Rechtlicher Rahmen

Es zählen jedoch nicht nur die Anforderungen der Nutzer und ihre verschiedene Akzeptanzbereitschaft. Mobile Bezahlverfahren müssen zuletzt auch rechtliche Kriterien erfüllen, auf die hier der Vollständigkeit halber nur kurz eingegangen wird. Beim Kauf einer Ware oder Dienstleistung unabhängig vom Zahlungsverfahren kommen zwei gegeneinander gerichtete, übereinstimmende Willenserklärungen zustande, die in einem Vertrag festgehalten werden. Laut § 126 Abs. 1 des Bürgerlichen Gesetzbuches (BGB) muss dieser Vertrag in schriftlicher Form vorliegen und eigenständig unterschrieben sein. Die gesetzlich vorgeschriebene schriftliche Form kann aber auch durch elektronische Formen ersetzt werden.[189] Nach § 126a BGB muss „das elektronische Dokument mit einer qualifizierten elektronischen Signatur nach dem Signaturgesetz versehen" werden.[190]

Zur gesetzeskonformen Vertragsabwicklung muss die elektronische Unterschrift vier Funktionen abdecken: Echtheitsfunktion, Abschlussfunktion, Identi-

189 Vgl. Kretschmar, 2005, S. 51
190 Vgl. BGB, 2006, S. 27

tätsfunktion und die Warnfunktion. Die Echtheitsfunktion muss sicherstellen, dass nur das signiert wird, was für den Käufer in irgendeiner Form (z.B. Chipkartelesegerät, Händlerterminal, Kassenabschnitt) sichtbar ist. Die Abschlussfunktion wird durch die Erstellung eines Hash-Wertes erreicht. Die Identitätsfunktion wird nur mittels einer geheimen PIN des Käufers gewährleistet. Die schriftliche Form stellt in erster Linie eine Warnfunktion dar. Der Käufer soll wissen, dass er einen rechtskräftigen Vertrag unterschreibt, der ihn weitreichend verpflichtet.[191] Die Warnfunktion bei der elektronischen Form mittels elektronischer Signatur ist nur ungenügend vorhanden,[192] auch wenn der Käufer im Vorhinein vertraglich über die Wirkung einer elektronischen Unterschrift aufgeklärt wurde.[193]

5.3.1 Signaturgesetz (SigG) und Signaturverordnung (SigV)

Damit grenzüberschreitend elektronische Verträge, insbesondere Zahlungsaufträge, ausgeführt werden können, wurde am 13.12.1999 die Richtlinie 1999/93/EG vom europäischen Rat und Parlament verabschiedet. Somit gelten überall in der europäischen Union die gleichen Rahmenbedingungen bei elektronischen Signaturen wie in Deutschland. Am 22.05.2001 trat das Signaturgesetz (SigG) in Kraft und wurde am 22.11.2001 durch die Signaturverordnung (SigV) ergänzt.[194]

5.3.2 Bundesdatenschutzgesetz (BDSG)

Bei der Abwicklung von Bezahlvorgängen werden u.a. personenbezogene Daten des Käufers an den Verkäufer übermittelt, die als schutzwürdig dem Bundesdatenschutzgesetz (BDSG) unterliegen. Das BDSG ist seit dem 23.10.2001 durch Einbringung der Datenschutzrichtlinie 95/46/EG der Europäischen Union EU-konform.[195] Zweck des BDSG ist es, natürliche Personen bei der Verarbeitung, Erhebung und Nutzung ihrer personenbezogenen Daten zu schützen und sicherzustellen, dass sie dadurch nicht in ihrem Persönlichkeitsrecht beeinträchtigt werden.[196] Beim grenzüberschreitenden Datenaustausch ist zu beachten, dass das

191 Vgl. Heusch, 2004, S. 170-185
192 Vgl. Schulze, 2009
193 Vgl. Heusch, 2004, S. 170-185
194 Vgl. Kretschmar, 2005, S. 51-52
195 Vgl. Geis, 2007, S. 7-9
196 Vgl. BDSG, 2009, § 1 Abs 1 +Abs. 2

jeweilige Datenschutzgesetz des Landes greift, in dem die Daten verarbeitet werden. Die Übertragung von personenbezogenen Daten eines EU-Bürgers an eine datenverarbeitende Stelle eines Drittstaates ist nur erlaubt, wenn dieses Land über ein ähnlich hohes Datenschutzniveau verfügt.[197] Insbesondere für mobile Bezahlverfahren ergeben sich hierdurch Fragen nach der Erfüllung rechtlicher Normen.

Auch mobile personenbezogene Speicher- und Verarbeitungsmedien wie Chipkarten unterliegen dem besonderen Datenschutz des BDSG. §3 Abs. 10 des BDSG setzt für mobile Speichermedien voraus, dass das Medium in Form einer Karte mit eingebautem Chip dem Inhaber ausgehändigt wird, und dass die Daten von der kartenausgebenden Stelle so gespeichert werden, dass sie von einer anderen Stelle automatisiert verarbeitet werden können. Außerdem darf eine Datenverarbeitung *nur* durch den Karteninhaber selbst beeinflusst werden, beispielsweise durch Hinhalten des Mobiltelefons an ein Terminal.[198] Hierdurch wird gewährleistet, dass nur durch die Handlung des Käufers seine Zustimmung für die Übermittlung und Verarbeitung der Daten erfolgen kann.[199]

Im §6c BDSG ist verankert, worüber der Inhaber des Mediums vor dem und beim Verwenden des Mediums informiert werden muss. Beispielsweise muss der Anwender „in allgemein verständlicher Form über die Funktionsweise des Mediums einschließlich der Art der zu verarbeitenden personenbezogenen Daten“[200] und „über die bei Verlust oder Zerstörung des Mediums zu treffenden Maßnahmen (...), soweit der Betroffene nicht bereits Kenntnis erlangt hat“[201] unterrichtet werden. Die Auslösung eines Bezahlvorganges muss für den Anwender eindeutig erkennbar sein.[202] Dies soll sicherstellen, dass die Datenübertragung nicht unbemerkt, sondern nur durch bewusstes aktives Handeln ausgelöst werden darf.[203]

Bei vielen mobilen elektronischen Bezahlverfahren werden personenbezogene Daten abgefragt und übermittelt. Dieses Verfahren ist zulässig, soweit es unter „Berücksichtigung der schutzwürdigen Interessen der Betroffenen und der Aufgaben oder Geschäftszwecke der beteiligten Stellen angemessen ist“[204]. Damit die automatische Verarbeitung vom Anwender kontrolliert werden kann, müssen der Anlass und Zweck des Abrufverfahrens, der Empfänger der Daten und die Art der zu übermittelnden Daten schriftlich festgelegt werden.[205]

197 Vgl. Geis, 2007, S. 9
198 Vgl. BDSG, 2009, § 3 Abs. 10
199 Vgl. Kretschmar, 2005, S. 57-58
200 Vgl. BDSG, 2009, § 6c Abs. 1 Satz 2
201 Vgl. BDSG, 2009, § 6c Abs. 1 Satz 4
202 Vgl. BDSG, 2009, § 6c Abs. 3
203 Vgl. Geis, 2007, S. 26
204 BDSG, 2009, § 10 Abs. 1
205 Vgl. BDSG, 2009, § 10 Abs. 2

Hier konnte nur knapp und in groben Zügen auf den rechtlichen Rahmen von mobilen Bezahlverfahren eingegangen werden. Weiterführende Informationen findet der interessierte Leser beispielsweise in Hühnlein, D. & Korte U., Grundlagen der elektronischen Signatur, 2006 und Signature Perfect KG, Leitfaden Elektronische Signatur - Elektronische Signatur mit und ohne Zertifikat Elektronische Signatur mit eigenhändiger Unterschrift, 2008.

6. Anwendungsfälle in Deutschland

In den Kapiteln 2 bis 4 haben wir die wichtigsten Merkmale von mobilen Bezahlverfahren aufgedeckt und anhand der vorgestellten Klassifizierungskriterien detailliert analysiert. Aus diesen gewonnenen Erkenntnissen lässt sich ein theoretischer Analyserahmen entwickeln, der auf real existierende und zukünftige mobile Bezahlsysteme angewandt werden kann. Er ist in Tabelle 14 vorgestellt.

Klassifizierungskriterien	**Hauptmerkmale**
Belastungszeitpunkt	pay-later; pay-now; pay-before/ prepaid
Umsatzhöhe	Macropayment; Medium Payment; Micropayment; Picopayment
Zahlungsverfahren	Kreditkarten-basiert; Bankkarten-basiert; Geldkarten-basiert; Scheck-basiert
Bezahlszenarium	Stationärer Handel (Person, Automat); C2C; E-Commerce (EC); M-Commerce (MC)
Authentifizierung	Einfache Bestätigung & Statisches Passwort; 2-Faktor Authentifizierung (Grid-Karte, OTP-Liste, OTP-Token); Scan-Code; Biometrische Verfahren; Multichannel
Kartenzugriff	Physikalischer Kartenzugriff (Dual Slot, Single Card/ Dual Chip); Systeme ohne physikalischen Kartenzugriff
Übertragungstechnologie	GSM (2G) (SMS, Voice, USSD, HSCSD/ GPRS); UMTS (3G); Bluetooth; NFC
Datenübertragungssicherheit	Kryptographisch verschlüsselte Übertragung (symmetrische, hybrid, asymmetrisch); Unverschlüsselte Übertragung
Endgerät & Betriebssystem	Smartphone (iOS, Android, Symbian, Windows phone); Feature phone (proprietäre BS)
Benutzerfreundlichkeit	Bedienung (Einfach, Kompliziert); Vorgangsdauer (Kurz, Lang)

<table>
<tr><th>Klassifizierungs-kriterien</th><th colspan="30">Hauptmerkmale</th></tr>
<tr><td rowspan="1">Vertraulichkeit der Daten</td><td colspan="10">Kaum eingeschränkt</td><td colspan="10">Eingeschränkt</td><td colspan="10">Sehr eingeschränkt</td></tr>
<tr><td rowspan="2">Verbreitungsgrad</td><td colspan="18">Anzahl Akzeptanzstellen und Nutzer</td><td colspan="12">Verbreitung</td></tr>
<tr><td colspan="6">Niedrig</td><td colspan="6">Mittel</td><td colspan="6">Hoch</td><td colspan="6">National</td><td colspan="6">International</td></tr>
<tr><td rowspan="2">Kosten für Zahlungsempfänger</td><td colspan="20">Transaktionskosten (Variable Kosten)</td><td colspan="5" rowspan="2">Grund-gebühr (Fixkosten)</td><td colspan="5" rowspan="2">Anschaf-fungs-kosten</td></tr>
<tr><td colspan="5">keine</td><td colspan="5">Hoch</td><td colspan="5">Mittel</td><td colspan="5">Niedrig</td></tr>
<tr><td rowspan="2">Kosten für Zahlungspflichtigen</td><td colspan="20">Transaktionskosten (Variable Kosten)</td><td colspan="5" rowspan="2">Grund-gebühr (Fixkosten)</td><td colspan="5" rowspan="2">Anschaf-fungs-kosten</td></tr>
<tr><td colspan="5">keine</td><td colspan="5">Hoch</td><td colspan="5">Mittel</td><td colspan="5">Niedrig</td></tr>
</table>

Tabelle 16: Analyserahmen zur Typisierung mobiler Bezahlverfahren

Der Analyserahmen arbeitet mit zwei Dimensionen – den Klassifizierungskriterien und den Hauptmerkmalen. Mit diesem theoretischen Analyserahmen können Mobile Payment-Lösungen transparenter miteinander verglichen werden, indem sie anhand ihrer einzelnen Hauptmerkmale klassifiziert werden. Beispielsweise könnten hiermit aber auch fehlgeschlagene Systeme auf die Gründe für ihr Versagen untersucht, oder Bezahlverfahren in der Entwicklungsphase auf den Markteintritt vorbereitet werden, indem ihre Merkmale mit denen anderer Systeme und mit den Anforderungen der Nutzer verglichen werden. Der Analyserahmen ist ein in sich geschlossenes System, dass auf Grund seiner Rasterform allerdings frei erweiterbar ist.

Bei der Anwendung des Analyserahmens sind stets auch die rechtlichen Aspekte aus Abschnitt 5.3 „Rechtlicher Rahmen" und die Nutzer- und Händlerpräferenzen, wie im Abschnitt 5.1 „Anforderungen" dargestellt, zu beachten. Sie werden in den folgenden Abschnitten an passenden Stellen in die Analyse der Bezahlsysteme eingebracht. Ebenfalls fließen die Nutzerschichten (mit den vorgestellten Zahlen) aus dem Abschnitt 5.2 „Akzeptanz und Verbreitung" in unsere Analyse existierender Mobile Payment-Systeme ein.

Derzeit gibt es einige Mobile Payment-Verfahren in Deutschland, die sich wegen fehlender Verbreitung bei deutschen Verbrauchern und Händlern bislang nicht nennenswert durchsetzen konnten. Daneben gibt es etliche Verfahren, die bis dato schon wieder eingestellt wurden.[206] In den folgenden Abschnitten werden drei ausgewählte aktuell existierende Verfahren analysiert: mpass, Touch&Travel, PayPal "Bump to Send Money". Diese drei Verfahren wurden

206 Vgl. Pichler, 2009

ausgewählt, da sie verschiedene technische Ansätze verfolgen (mpass nutzt die SMS, Touch&Travel nutzt NFC und Bump to Send Money verwendet zur Ermittlung von Location-based Daten das Mobilfunknetz, GPS und WLAN) und da sie für verschiedene Bezahlsituationen gedacht sind wie E-Commerce, Fahrkartenbezahlung oder C2C-Transaktion. Sie unterscheiden sich auch, wie im Abschnitt 6.4 „Vergleich" zu sehen ist, bei anderen Kriterien.

Touch&Travel von der Deutschen Bahn AG befand sich seit 2007 in der Pilotphase[207] und kann seit November 2011 von Bahnfahrern regulär genutzt werden. Bump to Send Money von PayPal gibt es seit Mitte März 2010 für Apple Geräte.[208] In diesen beiden Fällen wird sich erst in den nächsten Jahren zeigen, ob sich die Innovation durchsetzen kann. Das System mpass hingegen ist eine Zusammenarbeit von Vodafone und O_2 (seit November 2010 auch die Deutsche Telekom), die schon seit 2008 auf dem Markt ist. Auch hier mangelt es allerdings weiterhin an Verbreitung. Es ist dennoch das bislang am besten etablierte Mobile Payment-System im Bereich E-Commerce in Deutschland.[209]

6.1 mpass

Nachdem das in Österreich etablierte mobile Bezahlsystem paybox in Deutschland Anfang 2003 wieder eingestellt wurde[210] und sich weiterhin kein alternatives System durchgesetzt hatte, wurde 2008 mit mpass ein erneuter Versuch von Mobilfunkanbietern gestartet. mpass ist ein mobiles Bezahlsystem, das von den Mobilfunkbetreibern O_2 und Vodafone entwickelt wurde und seit Oktober 2008 theoretisch von 70 Millionen Mobilfunkkunden mit einer Bankverbindung in Deutschland genutzt werden kann.[211] Seit November 2010 ist auch die Deutsche Telekom Mitglied des Bezahlsystems und für 2012 ist im Gespräch, dass auch der Mobilfunknetzbetreiber E-Plus sich anschließen könnte.[212] Somit vereint mpass (voraussichtlich) alle vier Mobilfunknetzanbieter in Deutschland (siehe Abbildung 17). Momentan kann mpass allerdings nur im *E-Commerce* angewendet werden, und ist nicht für das Zahlen im stationären Handel nutzbar.

207 Vgl. Deutsche Bahn AG, 2010a
208 Vgl. PayPal (Europe) S.à r.l. & Cie, S.C.A., 2010c
209 Vgl. Kessler, 2009
210 Vgl. Dannenberg & Ulrich, 2004, S. 215
211 Vgl. ibi research an der Universität Regensburg GmbH, 2010
212 Gramberg, 2012, Telefoninterview

Abbildung 17: Verteilung der Marktanteile deutscher Mobilfunkanbieter

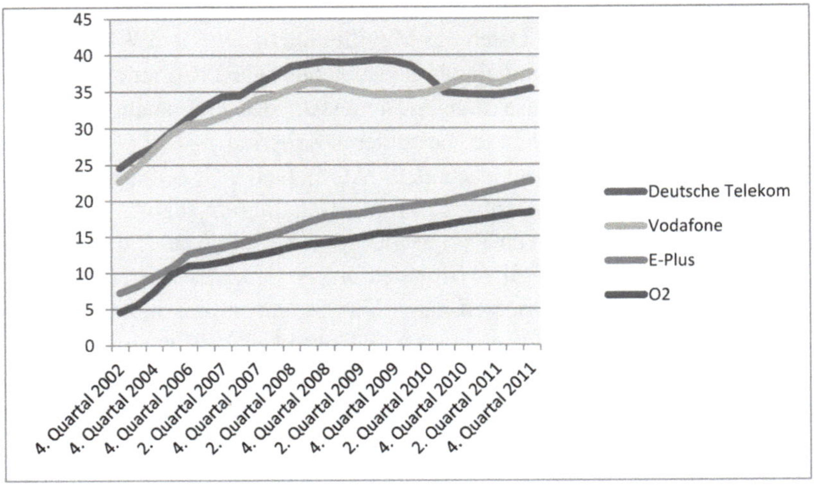

Datenquelle: Bundesnetzagentur für Elektrizität, Gas, Telekommunikation, Post und Eisenbahnen, 2012

Um das System zu nutzen, registriert[213] sich der Käufer zuerst auf der Internetseite von mpass. Mittels des Freischaltungscodes, der per Überweisung im Verwendungszweck mitgeteilt wird, wird sichergestellt, dass der Käufer Zugriff auf das angegebene Konto hat. Dieser wird auf der mpass-Seite eingegeben, damit die mpass-Nutzung endgültig freigeschaltet wird.

Bei Ausführung einer Zahlung mittels mpass muss der Käufer sich mit seiner Mobilfunknummer und seiner mpass-PIN authentifizieren.[214] Die eingegebenen Daten in der von mpass vorgeschalteten Seite werden über eine SSL-1024-Bit-Verschlüsselung *(hybrid-Verschlüsselung)* an mpass übertragen.[215] Nach erfolgreicher Authentifizierung bekommt der Kunde eine TAN per SMS gesandt, die er anschließend auf der mpass-Webseite eingeben muss, damit die Zahlung endgültig freigegeben und vom Girokonto per Lastschrift zum gegenwärtigen Zeitpunkt *(pay-now)* eingezogen wird.[216] Da keiner der Mobilfunknetzanbieter eine Banklizenz besitzt, müssen die Daten für den Bezahlvorgang von einer dritten

213 Für Mobilfunk-Vertragskunden entfällt die Registrierung.

214 Vgl. Vodafone D2 GmbH, Telefónica O_2 Germany GmbH & Co. OHG & Telekom Deutschland GmbH, 2012b

215 Vgl. Vodafone D2 GmbH, Telefónica O_2 Germany GmbH & Co. OHG & Telekom Deutschland GmbH, 2012a

216 Vgl. Vodafone D2 GmbH, Telefónica O_2 Germany GmbH & Co. OHG & Telekom Deutschland GmbH, 2012b

Instanz bearbeitet werden.[217] Nach erfolgreicher Autorisierung werden Daten wie Vor- und Zuname, Anschrift und Bankverbindung des Käufers, an einen Zahlungsdienstleister (beispielsweise InterCard AG, easycash GmbH, REA Mobile GmbH) übermittelt, um dort den Lastschrifteinzug zu vollziehen. Des Weiteren werden die personenbezogenen Daten (inkl. des Geburtsdatums) an die Infoscore Forderungsmanagement GmbH gesendet, um eine Bonitätsprüfung durch die Infoscore Sperrdatei durchzuführen. Bei Unklarheiten könnte die Registrierung zum mpass-Bezahlverfahren oder die Transaktion abgelehnt werden.[218]

Die Bedienung des Systems für den Käufer ist dennoch als „einfach" einzustufen, da vom Käufer keine hohen technischen Kenntnisse für die Ausführung erfordert werden. Der Anwender benötigt für den Vorgang nur wenige Minuten, was aber eine üblicherweise angepeilte „kurze" Vorgangsdauer von etwa 20 Sekunden weit übersteigt.[219] Indes bieten gerade einmal rund 30 Onlineshops diese Zahlungsvariante an,[220] was vier Jahre nach der Produkteinführung nicht von einer hohen Akzeptanz seitens der Händler zeugt. Da die Voraussetzungen gegenüber den Kunden für die Teilnahme u.a. ein Girokonto bei einem deutschen Kreditinstitut und ein deutscher Mobilfunkvertrag sind, ist die Verbreitung auf die nationalen Grenzen eingeschränkt.

Für den Käufer fallen keine zusätzlichen Kosten seitens mpass an.[221] Dem Händler kostet die Einrichtung für seinen Onlineshop einmalig 99,00 Euro und er muss eine monatliche Pauschale von 15,00 Euro entrichten. Bei jeder Transaktion werden eine Transaktionsgebühr von 0,25 Euro und ein Disagio (Abgabe) von 2,20 Prozent des Umsatzes berechnet. Der Händler erhält im Gegenzug aber eine Zahlungsgarantie und muss keine Zahlungsausfälle befürchten.[222] Aufgrund der Kostenstruktur sind nur Zahlen im Bereich des Macro- und Medium Payments wirtschaftlich relevant.

Wie im Abschnitt 5.1 „Anforderungen von Kunden und Händlern" gezeigt wurde, ist für den Händler die garantierte Zahlung (98 Prozent) und die Vermeidung von Zahlungsausfällen (98 Prozent) die wichtigste Anforderung an ein Mobile Payment-System – zwei Kriterien, die durch mpass erfüllt werden. Die nachrangingen Anforderungen wie die Bekanntheit des Verfahrens und eine hohe Verbreitung in der Käuferschicht sind allerdings noch nicht erfüllt. Die Kosten der Leistungen von mpass werden ausschließlich auf den Händler umge-

217 Gramberg, 2012, Telefoninterview

218 Vgl. Vodafone D2 GmbH, Telefónica O_2 Germany GmbH & Co. OHG & Telekom Deutschland GmbH, 2012a

219 Vgl. Miesling + Stranz GbR, 2009

220 Vgl. Bender, H., 2011

221 Vgl. Vodafone D2 GmbH, Telefónica O_2 Germany GmbH & Co. OHG & Telekom Deutschland GmbH, 2012d

222 Vgl. Payment Makler, .2010

wälzt. Jedoch halten sich diese Kosten unter den der meisten etablierten Systeme, die eine Zahlungsgarantie anbieten. Bei der Girocard wird ein Entgelt von 0,30 Prozent des Umsatzes entrichtet und bei Kreditkarten können sogar Kosten bis zu 4 Prozent des Rechnungsbetrages anfallen, hinzukommen außerdem Gebühren für Terminal und Transaktionsgebühren.[223] Die vergleichbarste Alternative stellt wohl der Service von PayPal dar. Hier fallen Gebühren von 1,9 Prozent (innerhalb der EU) des Umsatzes (bis 5.000 Euro) und eine Transaktionsgebühr von 0,35 Euro an.[224]

Die Vertraulichkeit der Daten ist als „eingeschränkt“ einzuschätzen, da zum einen personenbezogene Daten an den jeweiligen Zahlungsdienstleister weitergegeben werden, die u.a. nicht ausschließlich für den Lastschrifteinzug benötigt werden (z.B. vollständige Adresse), und zudem werden der Infoscore Forderungsmanagement GmbH für die Bonitätsprüfung Vor- und Zuname, Anschrift, Geburtsdatum und Angaben zur Bankverbindung nicht nur im Rahmen der Registrierung, sondern auch bei jeder Transaktion gemeldet[225]. Zum anderen ist aber positiv anzumerken, dass mpass die Anonymität des Kunden gegenüber dem Händler gewährleistet. Der Händler selbst bekommt von mpass lediglich die Transaktions-ID und die mpass-Kundennummer des Käufers mitgeteilt.[226]

Des Weiteren sind sicherheitstechnische Faktoren zu ergründen. Positiv zu sehen ist die Einbeziehung zweier Medien – das Handy und der PC – in den Zahlungsvorgang. Die erste Authentifizierung findet durch die Eingabe der Mobilfunknummer und der PIN (einfache Bestätigung) an dem PC statt. Die Autorisierung der Transaktion erfolgt mittels einer 2-Faktor-Autorisierung durch einen generierten OTP-Token, der auf das andere Medium – das Mobiltelefon – per SMS gesendet wird. Wobei der SMS-Dienst keine Ende-zu-Ende-Verschlüsselung bietet. Auch darf das statische Passwort (mpass-PIN) für die Authentifizierung nur eine Länge von vier numerischen Stellen aufweisen und der Nutzer bekommt nach erfolgreicher Registrierung keine Bestätigungs-SMS auf sein Handy gesendet. Bei unbefugter Nutzung einer fremden Mobilfunknummer merkt der eigentliche SIM-Karten-Inhaber nichts von seiner fälschlichen Registrierung.

223 Vgl. Seidel, 2007

224 Vgl. PayPal (Europe) S.à r.l. & Cie, S.C.A., 2010a

225 Vgl. Vodafone D2 GmbH, Telefónica O_2 Germany GmbH & Co. OHG & Telekom Deutschland GmbH, 2012a

226 Gramberg, 2010, Telefoninterview

<table>
<tr><th>Klassifizierungs-kriterien</th><th colspan="7">Hauptmerkmale</th></tr>
<tr><td>Belastungszeit-punkt</td><td>pay-later</td><td>pay-now</td><td>pay-before/ prepaid</td></tr>
<tr><td>Umsatzhöhe</td><td>Macro-payment</td><td>Medium Payment</td><td>Micropay-ment</td><td>Picopayment</td></tr>
<tr><td>Zahlungs-verfahren</td><td>Kreditkarten-basiert</td><td>Bankkarten-basiert</td><td>Geldkarten-basiert</td><td>Scheck-basiert</td></tr>
<tr><td rowspan="2">Bezahlszenarium</td><td colspan="2">Stationärer Handel</td><td rowspan="2">C2C</td><td rowspan="2">E-Commerce (EC)</td><td rowspan="2">M-Commerce (MC)</td></tr>
<tr><td>Person</td><td>Automat</td></tr>
<tr><td rowspan="2">Authentifizierung</td><td rowspan="2">Einfache Bestäti-gung & Statisches Passwort</td><td colspan="3">2-Faktor Authentifizierung</td><td rowspan="2">Scan-Code</td><td rowspan="2">Biome-trische Verfahren</td><td rowspan="2">Multi-channel</td></tr>
<tr><td>Grid-Karte</td><td>OTP-Liste</td><td>OTP-Token</td></tr>
<tr><td rowspan="2">Kartenzugriff</td><td colspan="2">Physikalischer Kartenzugriff</td><td rowspan="2">Systeme ohne physikalischen Kartenzugriff</td></tr>
<tr><td>Dual Slot</td><td>Single Card/ Dual Chip</td></tr>
<tr><td rowspan="2">Übertragungs-technologie</td><td colspan="4">GSM (2G)</td><td rowspan="2">UMTS (3G)</td><td rowspan="2">Blue-tooth</td><td rowspan="2">NFC</td></tr>
<tr><td>SMS</td><td>Voice</td><td>USSD</td><td>HSCSD/ GPRS</td></tr>
<tr><td rowspan="2">Datenübertra-gungssicherheit</td><td colspan="3">Kryptographisch verschlüsselte Übertragung</td><td rowspan="2">Unverschlüsselte Übertragung</td></tr>
<tr><td>symmetrische</td><td>hybrid</td><td>asymmetrisch</td></tr>
<tr><td rowspan="2">Endgerät & Betriebssystem</td><td colspan="4">Smartphone</td><td>Feature phone</td></tr>
<tr><td>iOS</td><td>Android</td><td>Symbian</td><td>Windows phone</td><td>proprietäre BS</td></tr>
<tr><td rowspan="2">Benutzer-freundlichkeit</td><td colspan="2">Bedienung</td><td colspan="2">Vorgangsdauer</td></tr>
<tr><td>Einfach</td><td>Kompliziert</td><td>Kurz</td><td>Lang</td></tr>
<tr><td>Vertraulichkeit der Daten</td><td>Kaum eingeschränkt</td><td>Eingeschränkt</td><td>Sehr eingeschränkt</td></tr>
<tr><td rowspan="2">Verbreitungsgrad</td><td colspan="3">Anzahl Akzeptanzstellen und Nutzer</td><td colspan="2">Verbreitung</td></tr>
<tr><td>Niedrig</td><td>Mittel</td><td>Hoch</td><td>National</td><td>International</td></tr>
<tr><td rowspan="2">Kosten für Zah-lungsempfänger</td><td colspan="4">Transaktionskosten (Variable Kosten)</td><td rowspan="2">Grund-gebühr (Fixkosten)</td><td rowspan="2">Anschaf-fungs-kosten</td></tr>
<tr><td>keine</td><td>Hoch</td><td>Mittel</td><td>Niedrig</td></tr>
<tr><td rowspan="2">Kosten für Zah-lungspflichtigen</td><td colspan="4">Transaktionskosten (Variable Kosten)</td><td rowspan="2">Grund-gebühr (Fixkosten)</td><td rowspan="2">Anschaf-fungs-kosten</td></tr>
<tr><td>keine</td><td>Hoch</td><td>Mittel</td><td>Niedrig</td></tr>
</table>

Tabelle 17: mpass aus Sicht des Analyserahmens

Die weiteren Anforderungen der Kunden an ein Mobile Payment-System sind niedrige Kosten, Bedienbarkeit und Schnelligkeit des Bezahlvorganges. Durch die kostenlose Nutzung und einfache Bedienung sind diese Anforderungen zwar gedeckt, die Schnelligkeit des Bezahlvorgangs liegt aber bei einigen Minuten und ist daher als „lang" einzustufen. Trotz einfacher Bedienung, kostenloser Nutzung und Anonymität ist noch keine Marktdurchdringung zu erkennen. Dabei muss dies nicht unbedingt an mangelndem Vertrauen in elektronische oder mobile Bezahlsysteme im E-Commerce liegen, sondern kann eher auf den bislang fehlenden Mehrwert für den Kunden zurückgeführt werden. Der Kunde ist zwar geschützter, da er keine Bankdaten auf Webseiten von Onlineshops eingeben muss. Wenn aber ein hypothetischer Kunde die Wahl hätte zwischen der Zahlungsart mpass im Gegensatz zur Durchführung einer Lastschrift, ist es unklar wieso sich der Kunde für mpass entscheiden sollte. Beide Verfahren ziehen gleichermaßen per Lastschrift ein, und bei einer Lastschrift mit Einzugsermächtigung ist es ganz egal, ob der Einzug auf herkömmliche Art oder per mpass geschieht, da sie gemäß Lastschriftabkommen sechs Wochen nach Belastung an die erste Inkassostelle zurückgegeben werden kann.[227] PayPal hat diesen Mehrwert erkannt und bietet Schutz für den Käufer *und* Verkäufer,[228] transparente niedrige Gebühren für alle Zahlungsverfahren,[229] sowie einfache Implementierung in Onlineshops. Als weiterer möglicher Grund für die geringe Verbreitung von mpass lässt sich feststellen, dass es bislang kaum von den Anbietern beworben wurde und somit nur wenig bekannt ist. Weitere Gründe sind die wenigen Onlineshops, bei denen mpass als Bezahlungsverfahren angeboten wird, sowie kann der Kunde nur eine Art von Zahlungsverfahren (Lastschriftverfahren) bei mpass hinterlegen.

Es ist geplant, mpass aus seiner Nischenexistenz im E-Commerce Bereich herauszuholen, und dieses Verfahren auf den stationären Handel[230] unter der Verwendung des NFC-Übertragungsweges zu erweitern. Da die Verbreitung NFC-fähiger Handys noch gering ist, sollen kostenlos NFC-Sticker von mpass angeboten werden, die wie beim österreichischen mobilen Bezahlverfahren paybox (siehe Abschnitt 7.2.1), an das Mobiltelefon angebracht werden können.[231] mpass möchte seine Kunden in Zukunft mehr Zahlungsmöglichkeiten bieten. So plant O_2, eine Kooperation mit MasterCard und Vodafone mit Visa einzugehen. Die Mobilfunknetzbetreiber O_2, Vodafone und Deutsche Telekom sind sich einig, dass sie einen einheitlichen Standard anbieten möchten. Der Kunde könnte

227 Vgl. Grill, Perczynski, 2003, S. 117
228 Vgl. PayPal (Europe) S.à r.l. & Cie, S.C.A., 2010b
229 Vgl. PayPal (Europe) S.à r.l. & Cie, S.C.A., 2010a
230 Vgl. ibi research an der Universität Regensburg GmbH, 2010
231 Vgl. Sternkopf, 2012

mit MasterCard PayPass oder Visa PayWave kontaktlos mit dem Handy zahlen. O_2 wird mit den ersten Pilotversuchen gegen Ende des Jahres 2012 in München beginnen. Vodafone plant ebenso Versuchsprojekte, die aber erst 2013 starten sollen.[232]

Des Weiteren ist derzeit in der Planung, einen gemeinsamen technischen Standard der vier Mobilfunknetzbetreiber in Deutschland für eine „Mobile Wallet“ zu entwickeln, das im Secure Element der SIM-Karte integriert sein wird. Hier soll mpass automatisch vorinstalliert sein. Zudem ist es auch angedacht, dass der Kunde Bonus-, Kunden-, Zugangsarten, usw. in das „Mobile Wallet“ integrieren kann.[233]

6.2 Touch&Travel

Mit dem Verfahren Touch&Travel (mitunter auch bei verschiedenen Verkehrsverbünden nutzbar) ist die Deutschen Bahn AG eines der ersten Unternehmen in Deutschland, das eine Mobile Payment-Lösung mit NFC-Technologie zur Datenübertragung anbietet. Das Handy dient hier als mobiler Fahrausweis. Es soll hierbei nicht auf klassische Kommunikation per SMS und Sprach-Dienst zurückgegriffen werden, was bisher bei vielen anderen mobilen Bezahlverfahren der Fall war. Da NFC-fähige Handys noch nicht sehr verbreitet sind, werden dem Fahrgast weitere Anmeldeverfahren zur Verfügung gestellt, um Touch& Travel ebenso nutzen zu können. Beispielsweise kann zur Standortbestimmung auch das Scannen eines QR-Codes oder die Eingabe einer Kontaktpunkt-Nummer in die Touch&Travel-App, die beispielsweise auf Fahrplänen oder Touchpoints aufgedruckt sind, genutzt werden. Als weitere Variante kann über den mobilen Dienst – dem Location-based Services (LBS) – die Standortposition durch Berechnung der Entfernung zur nächsten Basisstation automatisch ermittelt werden. Das Rückgrat des Systems bieten jedoch die vielen NFC-fähigen Touchpoints, an die ein NFC-Handy-Nutzer nur kurz sein Mobiltelefon heranhalten muss.

Bei Touch&Travel muss sich der Anwender vor der Benutzung auf der Webseite touchandtravel.de registrieren und kann anschließend die Touch&Travel-App auf sein Smartphone installieren. Im Rahmen einer Bonitätsprüfung werden Daten zur Person (inkl. Geburtsdatum) sowie Adressdaten an die Firma infoscore Consumer Data GmbH übermittelt. Nach erfolgreicher Registrierung erhält der Anwender eine E-Mail mit einem Aktivierungslink, der innerhalb von zwei Ta-

232 Gramberg, 2012, Telefoninterview
233 Gramberg, 2012, Telefoninterview

gen verwendet werden muss. Die PIN für die Applikation wird hingegen per SMS zugesendet.[234]

Die App ist für iOS, Android und Symbian Betriebssysteme verfügbar. Eine weitere Voraussetzung ist ein Mobilfunkvertrag im Mobilfunknetz der Deutschen Telekom, Vodafone oder O_2.[235] Das bedeutet, dass Mobilfunkkunden des E-Plus-Netzes, das einen Anteil von 20 Prozent ausmacht (siehe Abbildung 17 auf Seite 90), und Prepaid-Kunden Touch&Travel nicht benutzen können. Wie in Abschnitt 3.5 aufgezeigt liegt die Smartphone-Durchdringung in Deutschland derzeit bei rund 30 Prozent. In Bezug auf die vorausgesetzten Betriebssysteme hätten nur 25 Prozent in Deutschland die Möglichkeit, diesen Service mit dem entsprechenden Mobilfunknetz zu nutzen. Zur Nutzung von Touch&Travel ist eine kontinuierliche Freischaltung von LBS erforderlich.

Bei Benutzung von Touch&Travel mit NFC aktiviert der Anwender sein Mobiltelefon und hält es in Lesereichweite des passiven Touchpoint-Transponders. Die Daten werden somit vom Automaten (passiver Transponder) an das Telefon (NFC-Device im reader-emulation-mode) per NFC übertragen. In diesem Zuge baut die Touch&Travel-App über das Mobiltelefon eine Verbindung ins UMTS- oder GSM-Netz auf, um die ausgelesenen Daten des Transponders an den Server des Rechenzentrums der Deutschen Bahn zu übertragen. Der empfangene Buchungsdatensatz vom Rechenzentrum wird im Secure-Element des Handys abgelegt.

Während der Fahrt werden die durchgefahrenen Funkzellen registriert und auf der SIM-Karte abgespeichert. Um später das elektronische Ticket zu prüfen, baut der Kontrolleur mit seinem mobilen Lesegerät eine Verbindung zum Telefon des Fahrgastes auf, um beispielsweise die Kundennummer, Anmeldeort und Zeitpunkt auszulesen. Bei der Kontrolle wird ein Kontrolldatensatz geschrieben, der an die DB Mobility Logistics AG übermittelt wird.. In diesem Fall simuliert das NFC-Telefon eine kontaktlose Chipkarte (card-emulation-mode).

Nach Beendigung der Fahrt sucht der Fahrgast den nächsten Touchpoint auf und wiederholt den Lesevorgang, um die Abmeldung zu bestätigen. Im Hintergrund hat das System aus den Reisedaten den Fahrpreis errechnet, der dem Fahrgast in einer monatlichen Abrechnung vom Konto per Lastschrift mit Einzugsermächtigung abgebucht wird (pay-later).

Die Umsatzhöhe in diesem Modell reicht von City-Tickets mit Wert von etwa 2 Euro (Micropayment), bis hin zu Medium Payment-Beträgen, etwa für bundesweite Bahntickets. Theoretisch sind aber alle Betragshöhen in diesem System einsetzbar. Touch&Travel ist nur für den stationären Handel am Automaten einsetzbar. Die Benutzerfreundlichkeit des Systems ist zufriedenstellend, da die Be-

234 Vgl. Deutsche Bahn AG, 2012b, S. 1
235 Vgl. Deutsche Bahn AG, 2012c

dienung wie oben beschrieben einfach ist und der Vorgang nur einige Sekunden dauert. Die erste Hürde für den Anwender ist zwar die Registrierung auf der Internetseite und das Einrichten auf dem Mobiltelefon; die Bedienung selbst ist für den Fahrgast dafür aber wenig aufwendig, da er das Gerät nur an einen Touchpoint halten und die Fahrt bestätigen muss. Bei Beendigung der Fahrt darf er jedoch nicht vergessen, sich am nächsten Touchpoint-Gerät abzumelden. Die Anzahl der Akzeptanzstellen ist als sehr hoch einzustufen, zumindest im Verhältnis zum Einsatzrahmen, da an jedem Fernbahnhof und in einigen Städten Deutschlands im Nahverkehr[236] diese Touchpoint-Automaten bereitstehen und dies in den nächsten Jahren auf weitere Nahverkehrsbahnhöfe und Bushaltestellen erweitert werden soll.[237]

Klassifizierungs-kriterien	Hauptmerkmale				
Belastungszeitpunkt	pay-later	pay-now	pay-before/ prepaid		
Umsatzhöhe	Macro-payment	Medium Payment	Micropay-ment	Picopayment	
Zahlungsverfahren	Kreditkarten-basiert	Bankkarten-basiert	Geldkarten-basiert	Scheck-basiert	
Bezahlszenarium	Stationärer Handel: Person / Automat	C2C	E-Commerce (EC)	M-Commerce (MC)	
Authentifizierung	Einfache Bestätigung & Statisches Passwort	2-Faktor Authentifizierung: Grid-Karte / OTP-Liste / OTP-Token	Scan-Code	Biometrische Verfahren	Multichannel
Kartenzugriff	Physikalischer Kartenzugriff: Dual Slot / Single Card/ Dual Chip	Systeme ohne physikalischen Kartenzugriff			
Übertragungstechnologie	GSM (2G): SMS / Voice / USSD / HSCSD/ GPRS	UMTS (3G)	Bluetooth	NFC	

236 Ebenso gibt es einige ausgewählte Verbindungen ins Ausland die mit Touch&Travel genutzt werden können.

237 Vgl. Deutsche Bahn AG, 2012c

Klassifizierungs-kriterien	Hauptmerkmale				
Datenübertragungssicherheit	Kryptographisch verschlüsselte Übertragung			Unverschlüsselte Übertragung	
	symmetrische	hybrid	asymmetrisch		
Endgerät & Betriebssystem	Smartphone				Feature phone
	iOS	Android	Symbian	Windows phone	proprietäre BS
Benutzer-freundlichkeit	Bedienung		Vorgangsdauer		
	Einfach	Kompliziert	Kurz	Lang	
Vertraulichkeit der Daten	Kaum eingeschränkt	Eingeschränkt	Sehr eingeschränkt		
Verbreitungsgrad	Anzahl Akzeptanzstellen und Nutzer			Verbreitung	
	Niedrig	Mittel	Hoch	National	International
Kosten für Zahlungsempfänger	Transaktionskosten (Variable Kosten)				Grund-gebühr (Fixkosten)	Anschaf-fungs-kosten
	keine	Hoch	Mittel	Niedrig		
Kosten für Zahlungspflichtigen	Transaktionskosten (Variable Kosten)				Grund-gebühr (Fixkosten)	Anschaf-fungs-kosten
	keine	Hoch	Mittel	Niedrig		

Tabelle 18: Touch&Travel (NFC) aus Sicht des Analyserahmens

Bei der ersten Registrierung auf der Webseite der Deutschen Bahn werden einige personenbezogene Daten vom Kunden gefordert, die für die Personenzuordnung und für die spätere Abrechnung nötig sind. Die sichere Übertragung der Daten wird mit dem SSL-Verschlüsselungsverfahren mit mindestens 128-Bit (Hybrid-Verschlüsselung) ermöglicht.[238] Bei der Verwendung von Touch&Travel an Touchpoints wird der Datenaustausch in Form des NFC Data Exchange Format (NDEF) nicht verschlüsselt; die Integrität der Daten könnte aber beispielsweise durch einen DH-Schlüsselaustausch gewährleistet werden.[239] Ein Man-in-the-Middle-Angriff wäre aufgrund der unverschlüsselten Übertragung theoretisch möglich, sofern sich der Angreifer oder sein Gerät im Datenaustauschbereich von etwa 10 cm Durchmesser befände.[240] Die sonstigen ausgetauschten Daten werden über UMTS oder GSM übertragen. Mögliche Angriffe wären denkbar durch Manipulation von Touchpoints, ähnlich wie bei den Geldausgabeautomaten der Kreditinstitute, wo durch das Auslesen von Magnentstreifenkarten beim

238 Vgl. Deutsche Bahn AG, 2012a, S. 12
239 Vgl. Paus, 2007, S. 15
240 Vgl. Unhold, 2008, S. 39

Einschieben der Karte (Skimming) oder durch das Ersetzen einer gefälschten PIN-Tastatur am Geldausgabeautomaten Kartendaten oder die PIN ausgespäht werden können.[241] An Touchpoints wird des Weiteren zum Vorteil der einfachen Bedienung auf eine Authentifizierung verzichtet; lediglich die einfache Bestätigung des Fahrtbeginns durch Knopfdruck genügt.[242] Nicht zuletzt wird durch die erfassten Ein- und Aus-Checkdaten an den Touchpoints zwangsweise zu Lasten der Anonymität ein Bewegungsprofil erstellt, was manchen Nutzer aus Gründen des Privatsphärenschutzes abschrecken kann. Ggf. könnten diese erfassten Daten durch Gesetzesbeschlüsse der Bundesregierung unter Anführung der Terrorismusbekämpfung, etc., benutzt werden, um Bewegungen von Individuen in einem Rahmen nachzuvollziehen, der mit regulären Fahrkarten nicht möglich ist.[243]

Das mobile Bezahlsystem Tuoch&Travel bietet gute Voraussetzungen für eine Marktdurchdringung in seinem Marktsegment. Durch die schnelle und einfache Bedienung, kostenlose Nutzung, den späteren Belastungszeitpunkt und das in nächster Zukunft breit ausgebaute Akzeptanznetz erfüllt das System einige der wichtigsten Anforderungen, die Kunden an mobile Bezahlsysteme stellen. Das allerwichtigste Kriterium der Kunden, die „Vertraulichkeit der Daten", wird allerdings nur eingeschränkt bis sehr eingeschränkt erfüllt. Dies kann natürlich ein Ausschlusskriterium für einige Kundengruppen bedeuten. Dadurch, dass Touch&Travel nicht nur auf eine Technologie –NFC – setzt, sondern auch Alternativen anbietet, wie das Einscannen von QR-Codes oder der Nutzung des LBS-Dienstes, steht vielen Verbrauchern dieser Service der Deutschen Bahn zu Verfügung.

Durch weitere geschaffene Mehrwertdienste der Deutschen Bahn für die Handys der nächsten Generationen, wie beispielsweise Infopoints zur Übertragung von Informationen zu Kulturangeboten und Sehenswürdigkeiten mittels NFC[244], könnte die Akzeptanz verstärkt werden. Touch&Travel bietet den großen Vorteil, dass sich der Fahrgast nicht mehr mit dem Tarifsystem auseinandersetzen muss, und auch nicht mehr vor Fahrbeginn entscheiden muss, ob er einen Einzelfahrschein oder ein Tagesticket kaufen sollte. Am Ende des Tages wird ihm einfach der bestmögliche Preis berechnet.

241 Vgl. Bachfeld, 2007
242 Vgl. Deutsche Bahn AG, 2012d, S. 9
243 Vgl. CHIP Xonio Online GmbH 2008, 2009
244 Vgl. DB Mobility Logistics AG, 2010

Die bislang unschlagbaren Zahlungsmittelübertragungen zwischen Privatpersonen sind die Übergabe von Bargeld und die Überweisung von Giralgeld.[245] Seit März 2010 gibt es aber mit der der Funktion „Bump to Send Money“ von PayPal eine neue Möglichkeit, zwischen Privatpersonen (C2C) elektronisches Geld ortsunabhängig zu übertragen. Voraussetzungen für die Benutzung sind momentan ein Apple iPhone, die Registrierung bei PayPal und die Installierung einer PayPal-Applikation auf dem Mobiltelefon.[246]

Vor Beginn einer Zahlungsübertragung starten beide Personen die PayPal-App auf ihrem Handy, um sich anschließend mit einer PIN zu authentifizieren. Nach Aktivierung der Bump-Funktion in der Applikation werden beide Handys sanft aneinander gestoßen.[247] Der G-Sensor (Gravitations-Sensor) im jeweiligen Gerät reagiert auf die Bewegung, und es wird eine Verbindung zum Bump-Server über das GSM- oder UMTS-Netz aufgebaut, an den die GPS-Koordinaten gesendet werden.[248] Mittels der gesendeten Daten und der genauen Ortsangabe identifizieren sich die beiden Telefone, um Zahlungsinformationen, wie beispielsweise die PayPal-Mailadressen, zu übermitteln. Danach kann der Zahlungspflichtige den Betrag eingeben und anschließend die Zahlung auf seinem Mobiltelefon bestätigen (autorisieren).[249]

Der Belastungszeitpunkt kann vor, am oder nach dem Transaktionszeitpunkt liegen, da PayPal-Zahlungen über unterschiedliche Zahlungssysteme abgewickelt werden können, wie etwa Kreditkarte (pay-later/ Kreditkarten-basiert), Prepaid-Kreditkarte bzw. PayPal-Guthaben (pay-before/Geldkarten-basiert) oder Lastschrift bzw. Überweisung (pay-now/Bankkarten-basiert).[250] Geeignet ist dieses Verfahren nur für Medium- und Macropayment, da sonst die Transaktionskosten den Transaktionswert übersteigen könnten und es deswegen kaum lohnend wäre. Bisher kostet eine Geldsendung 1,9 Prozent des Betrages zuzüglich 0,35 Euro, für die der Zahlungsempfänger aufkommen muss.[251] Die Bedienung ist als einfach einzustufen und innerhalb von nur etwa 10 Sekunden abgeschlossen.[252]

Die Akzeptanz von Bump to Send Money ist unter momentanen Bedingungen dennoch als niedrig einzuschätzen, da zwei Aufeinandertreffende ein iPhone be-

245 Vgl. Deutsche Bundesbank, 2009, S. 86-87
246 Vgl. Frank Weyermann, die datenwerkstatt, 2010
247 Vgl. PayPal (Europe) S.à r.l. & Cie, S.C.A., 2010c
248 Vgl. Fonpit AG, 2009
249 Vgl. Nolf & Huber GesbR, 2010
250 Vgl. PayPal (Europe) S.à r.l. & Cie, S.C.A., 2010d
251 Vgl. PayPal (Europe) S.à r.l. & Cie, S.C.A., 2010a
252 Vgl. Apple Inc., 2010

sitzen, die PayPal-Applikation installiert haben, und beide bei PayPal registriert sein müssen. Hinzu kommen die verhältnismäßig hohen Transaktionskosten für Kleinstbeträge, für die PayPal schließlich wirbt („Teilen einer Pizzarechnung“). Dieses Bezahlverfahren kann aber auch im Ausland genutzt werden, da PayPal eine internationale Unternehmung ist – es ist im weitesten Sinne nicht-ortsgebunden.[253] Die Vertraulichkeit der Daten bei diesem Verfahren ist eingeschränkt, da personenbezogene Daten wie die E-Mail-Adresse und die genauen Ortskoordinaten an eine dritte Instanz, die Firma Bump Technologies, zur Verarbeitung geschickt werden. Zudem muss ein vollständiger Datensatz zum gewählten Zahlungsverfahren bei PayPal hinterlegt werden.[254]

<table>
<tr><th>Klassifizierungs-kriterien</th><th colspan="6">Hauptmerkmale</th></tr>
<tr><td>Belastungszeit-punkt</td><td>pay-later</td><td>pay-now</td><td>pay-before/ prepaid</td></tr>
<tr><td>Umsatzhöhe</td><td>Macro-payment</td><td>Medium Payment</td><td>Micropay-ment</td><td>Picopayment</td></tr>
<tr><td>Zahlungs-verfahren</td><td>Kreditkarten-basiert</td><td>Bankkarten-basiert</td><td>Geldkarten-basiert</td><td>Scheck-basiert</td></tr>
<tr><td rowspan="2">Bezahlszenarium</td><td colspan="2">Stationärer Handel</td><td rowspan="2">C2C</td><td rowspan="2">E-Commerce (EC)</td><td rowspan="2">M-Commerce (MC)</td></tr>
<tr><td>Person</td><td>Automat</td></tr>
<tr><td rowspan="2">Authentifizierung</td><td rowspan="2">Einfache Bestätigung & Statisches Passwort</td><td colspan="3">2-Faktor Authentifizierung</td><td rowspan="2">Scan-Code</td><td rowspan="2">Biometrische Verfahren</td><td rowspan="2">Multi-channel</td></tr>
<tr><td>Grid-Karte</td><td>OTP-Liste</td><td>OTP-Token</td></tr>
<tr><td rowspan="2">Kartenzugriff</td><td colspan="2">Physikalischer Kartenzugriff</td><td rowspan="2">Systeme ohne physikalischen Kartenzugriff</td></tr>
<tr><td>Dual Slot</td><td>Single Card/ Dual Chip</td></tr>
<tr><td rowspan="2">Übertragungs-technologie</td><td colspan="4">GSM (2G)</td><td rowspan="2">UMTS (3G)</td><td rowspan="2">Blue-tooth</td><td rowspan="2">NFC</td></tr>
<tr><td>SMS</td><td>Voice</td><td>USSD</td><td>HSCSD/ GPRS</td></tr>
<tr><td rowspan="2">Datenübertra-gungssicherheit</td><td colspan="3">Kryptographisch verschlüsselte Übertragung</td><td rowspan="2">Unverschlüsselte Übertragung</td></tr>
<tr><td>symmetrische</td><td>hybrid</td><td>asymmetrisch</td></tr>
</table>

253 Vgl. Uehlecke, 2010
254 Vgl. Apple Inc., S.A.R.L., 2010

<table>
<tr><th>Klassifizierungs-kriterien</th><th colspan="6">Hauptmerkmale</th></tr>
<tr><td rowspan="2">Endgerät & Betriebssystem</td><td colspan="4">Smartphone</td><td colspan="2">Feature phone</td></tr>
<tr><td>iOS</td><td>Android</td><td>Symbian</td><td>Windows phone</td><td colspan="2">proprietäre BS</td></tr>
<tr><td rowspan="2">Benutzer-freundlichkeit</td><td colspan="3">Bedienung</td><td colspan="3">Vorgangsdauer</td></tr>
<tr><td colspan="2">Einfach</td><td>Kompliziert</td><td colspan="2">Kurz</td><td>Lang</td></tr>
<tr><td>Vertraulichkeit der Daten</td><td colspan="2">Kaum eingeschränkt</td><td colspan="2">Eingeschränkt</td><td colspan="2">Sehr eingeschränkt</td></tr>
<tr><td rowspan="2">Verbreitungsgrad</td><td colspan="4">Anzahl Akzeptanzstellen und Nutzer</td><td colspan="2">Verbreitung</td></tr>
<tr><td>Niedrig</td><td>Mittel</td><td colspan="2">Hoch</td><td>National</td><td>International</td></tr>
<tr><td rowspan="2">Kosten für Zahlungsempfänger</td><td colspan="4">Transaktionskosten (Variable Kosten)</td><td rowspan="2">Grund-gebühr (Fixkosten)</td><td rowspan="2">Anschaf-fungs-kosten</td></tr>
<tr><td>keine</td><td>Hoch</td><td>Mittel</td><td>Niedrig</td></tr>
<tr><td rowspan="2">Kosten für Zahlungspflichtigen</td><td colspan="4">Transaktionskosten (Variable Kosten)</td><td rowspan="2">Grund-gebühr (Fixkosten)</td><td rowspan="2">Anschaf-fungs-kosten</td></tr>
<tr><td>keine</td><td>Hoch</td><td>Mittel</td><td>Niedrig</td></tr>
</table>

Tabelle 19: Bump to Send Money aus Sicht des Analyserahmens

Positive Merkmale in Bezug auf die Anforderungen des Zahlungsempfängers und des Zahlungspflichtigen sind die einfache und schnelle Bedienung, die vielfältige Auswahl von Zahlungsinstrumenten und die daraus resultieren unterschiedlich möglichen Belastungszeitpunkte, sowie die internationale und ortsunabhängige Nutzung. Dieses System hat aber auch seine Schwächen. Hohe Kosten machen kleinere Zahlungen teuer und schließen Zahlungen im Bereich von Pico- und Micropayment vermutlich völlig aus. Dieses mobile Bezahlverfahren von PayPal bezieht sich momentan außerdem nur auf einen bestimmten Anwendungsbereich, nämlich C2C-Zahlungen. Eine Ausweitung auf andere Bezahlszenarien wäre aufgrund der eingesetzten Technologie (Location-based Service) technisch und wirtschaftlich kaum denkbar. Eventuelle Anschaffungskosten und die aktuell geringe Verbreitung der notwendigen Geräte decken sich auch nicht mit den Anforderungen einer breiten Nutzerschicht. Allerdings sind die notwendigen Geräte unter jenen Nutzern mit dem höchsten Adoptionspotenzial für neue Bezahltechnologien (den „early Adoptern") schon am weitesten verbreitet. Installationsmöglichkeiten für alle gängigen Mobilfunkgeräte könnten die Verbreitung unter anderen Nutzerschichten deutlich erleichtern.

2012 entschied PayPal die Bump-Funktion in ihrer Applikation nicht mehr anzubieten. Die Möglichkeit Geld über PayPal zu „bumpen" gibt es aber weiterhin. Die Entwickler der Bump-Technologie brachten eine eigene App namens

„Bump Pay“ mit der gleichen Funktionsweise wie bei der PayPal-App auf den Markt.[255]

6.4 *Vergleich*

Im Folgenden werden die verschiedenen Eigenschaften unserer Anwendungsbeispiele gegenübergestellt und anhand der oben vorgestellten Klassifizierungskriterien verglichen. In Tabelle 20 sind die Unterschiede und Gemeinsamkeiten der drei Anwendungsbeispiele übersichtlich dargestellt.

Klassifizierungs-kriterien	mpass	Touch&Travel	Bump to Send Money
Belastungs-zeitpunkt	pay-now	pay-later	Alle
Umsatzhöhe	Macro- und Medium Payment	Alle möglich (meist Medium Payment)	Macro- und Medium Payment
Zahlungs-verfahren	Bankkarten-basiert	Bankkarten-basiert	Bankkarten-basiert, Kreditkarten-basiert, Geldkarten-basiert
Bezahlszenarium	E-Commerce	Automat	C2C
Authentifizierung	Statisches Passwort, Einfache Bestätigung	Einfache Bestätigung	Einfache Bestätigung
Kartenzugriff	Kein physikalischer Zugriff	Single Card/ Dual Chip	Kein physikalischer Zugriff
Übertragungs-technologie	SMS	NFC, GSM (HSCSD, GPRS), UMTS	GSM (HSCSD, GPRS), UMTS
Datenübertra-gungssicherheit	Registrierung: Hybrid SMS: Keine Ende-zu-Ende Verschlüsselung	Registrierung: Hybrid NFC: Unverschlüsselt	Registrierung: Hybrid

255 Vgl. PCDE GmbH, 2012

Klassifizierungs-kriterien	mpass	Touch&Travel	Bump to Send Money
Endgerät und Betriebssystem	Feature- und Smartphones; Keine Einschränkung durch bestimmte Betriebssysteme	Smartphones; Betriebssysteme iOS, Android, Symbian	Smartphones; Betriebssystem iOS
Benutzer-freundlichkeit	Einfach, langer Zeitrahmen	Einfach, kurzer Zeitrahmen	Einfach, kurzer Zeitrahmen
Vertraulichkeit der Daten	Eingeschränkt	Eingeschränkt	Eingeschränkt
Verbreitungsgrad	Niedrig, National	Hoch, National	Niedrig, International
Kosten für Zahlungsempfänger	Mittel, Grundgebühr, Anschaffungskosten	Anschaffungskosten	Mittel-Niedrig, evtl. Anschaffungskosten
Kosten für Zahlungspflichtigen	Keine	Keine, evtl. Anschaffungskosten	Keine, evtl. Anschaffungskosten

Tabelle 20: Anwendungsbeispiele im Vergleich

Der *Belastungszeitpunkt* bzw. der Gutschriftszeitpunkt sind für Käufer wie Verkäufer nicht unwesentlich. Der Händler wünscht seinerseits eine sofortige Gutschrift, wohingegen der Käufer eher einen späteren Belastungszeitpunkt bevorzugt, jedoch auch mit einer sofortigen Zahlung in der Regel zufrieden wäre, wie beim Bargeld. Touch&Travel bieten den Kunden den Vorzug der späteren Bezahlung. Bei mpass hingegen bekommt der Händler sofort den Betrag gutgeschrieben und bei Bump to Send Money können alle gängigen Zahlungsinstrumente über PayPal hinterlegt werden.

Gesetzliche und wirtschaftliche Entscheidungen unterbinden bestimmte *Umsatzhöhen*. mpass und Bump to Send Money eignen sich für den Händler bzw. für den Transfer unter Privatpersonen aufgrund ihrer Kostenstruktur nur für Macro- und Medium Payment. Da Touch&Travel von der Deutschen Bahn direkt für alle Fahrkartenleistungen angeboten wird ist das System für alle Bereiche wirtschaftlich nutzbar, zumindest aus Kundensicht, da eventuelle Mehrkosten gegenüber anderen Zahlungsverfahren von der Bahn selbst getragen werden.

In allen drei Anwendungsfällen stützt sich der *Ablauf des Zahlungsvorganges* auf bereits existierende Systeme, die unabhängig und außerhalb der neuen Technologie liegen; die Technologie selbst gibt nur den Anstoß zu einem Zahlungsvorgang auf herkömmliche Weise. Wegen der fehlenden Zusammenarbeit mit

Kreditinstituten,[256] die es erschweren ein Konzept gleich jenes der Bank- und Kreditkarte zu entwickeln, wird also nur auf bestehende Zahlungsmittel zurückgegriffen. Bei mpass, Touch&Travel und Bump to Send Money werden nur die Zahlungsdaten an das jeweilige Kreditinstitut des Zahlungspflichtigen bzw. Zahlungsempfängers übertragen, welches daraufhin eine Überweisung bzw. Lastschrift wie gewohnt vornimmt.

Eine Begrenzung auf bestimmte *Bezahlszenarien* wirkt sich auf den Käufernutzen eindeutig negativ aus. In allen drei Anwendungsbeispielen sind nur ganz bestimmte Anwendungsfälle vorgesehen. mpass ist bislang nur für E-Commerce gedacht (und die Erweiterung auf andere Bereiche lässt auf sich warten), Touch&Travel ist nur für den Einsatz an Touchpoint-Automaten vorgesehen und Bump to Send Money ist ausschließlich im C2C-Bereich einsetzbar (PayPal entwickelt derzeit aber auch andere Ansätze (siehe Abschnitt 7.3.3 „PayPal"). Insofern passiert keines der vorgestellten Systeme die Schwelle der Universalität, wobei dies im Falle von mpass und PayPal zumindest zukünftig möglich wäre.

Eine komplizierte *Authentifizierung* stärkt zwar das Vertrauen in die Sicherheit, wirkt sich aber negativ auf den Nutzungskomfort aus. Für das einfach anzuwendende mpass werden deshalb ein statisches Passwort und eine TAN zur Bestätigung der Transaktion benötigt. Bei Touch&Travel und bei der Bump-Funktion hingegen muss die Aktion lediglich bestätigt werden. Diese beiden Anwendungsfälle haben insofern die möglichen Sicherheitszugewinne durch eine mehrdimensionale Authentifizierung einer einfacheren Bedienbarkeit und Abwicklung bei der Zahlung geopfert. Die Entscheidung, ob dieser Tausch sinnvoll war, liegt nun bei den Kunden.

Nur Touch&Travel setzt auf einen physikalischen *Kartenzugriff*. Hierbei werden die Daten auf dem Secure-Element, beispielsweise einer SIM-Karte, verwaltet. Die Speicherung auf dem Chip bietet den Vorteil, dass z.B. unterschiedliche Kartendaten und Anwendungen abgelegt werden können. Bei mpass und Bump to Send Money hingegen werden keine Daten auf einem sicheren Chip gespeichert.

Zu guter Letzt entscheidet die *Übertragungstechnologie* in hohem Maße über die Sicherheit bei der Übermittlung der Daten und über die technischen Voraussetzungen eines Handys. mpass benutzt als Übertragungstechnologie die einfache SMS (mit allerlei bekannten Sicherheitsschwächen), die mit allen Mobiltelefonen kompatibel ist. Touch&Travel benutzt unterschiedliche Technologien wie NFC, UMTS und GSM, wobei idealerweise der Kunde über ein NFC-fähiges

256 Vgl. Informationsdienst Wissenschaft e. V., 2006

Gerät verfügen sollte. Bump to Send Money kann mit den Übertragungstechnologien GSM, UMTS und sogar per WLAN und GPS genutzt werden.

In Fragen der *Datenübertragungssicherheit* unterscheiden sich die drei vorgestellten Anwendungsfälle aufgrund ihrer unterschiedlichen Technologien erheblich. In allen drei Systemen werden die Daten bei der Registrierung mit der SSL-Verschlüsselung an den Server übertragen, beim Zahlungseinsatz wird aber auf unterschiedliche Sicherheitstechniken zurückgegriffen. mpass verwendet den SMS-Dienst, bei dem die Daten aber nur bis zur Basisstation verschlüsselt übertragen werden. Touch&Travel setzt auf die unverschlüsselte NFC-Übertragung, die aber aufgrund des winzigen Nahbereichs den Man-in-the-Middle-Angriff erschwert. Die ausgetauschten Daten über das UMTS- oder GSM-Netz an den Server übertragen. Bei der Bump-Technologie werden zuerst über das Mobilfunknetz Locion Based Daten ermittelt und danach über eine diese Verbindungen übertragen.

Im Interesse der *Benutzerfreundlichkeit* muss die Bedienung eines Mobile Payment-Verfahrens möglichst einfach und zügig verlaufen. Dieses Ziel wird am ehesten von Touch&Travel und der Bump-Technologie erreicht. mpass hingegen ist zwar einfach in der Bedienung, jedoch dauert der Vorgang einige Minuten, die dem Nutzer bei der Zahlung verloren gehen, und die bei einer möglichen Ausweitung an POS-Kassen zu Störungen des Geschäftsbetriebs führen könnten.

Die *Vertraulichkeit der Daten*, und damit die Sicherheit im System, ist eine wichtige Anforderung seitens der Kunden und Händler. Alle drei Anwendungsbeispiele bieten nur (sehr) eingeschränkte Vertraulichkeit. mpass gewährleistet zwar Anonymität gegenüber dem Händler und überträgt die SSL-verschlüsselten Daten sicher zum Server, allerdings müssen personenbezogene Daten an eine dritte Instanz weitergegeben werden. Bei Touch&Travel ist der Kunde hingegen gegenüber der Bahn total gläsern; es gibt, was in der Natur des Verfahrens liegt, keinerlei Anonymität. Gegebenenfalls könnten die Daten sogar von staatlichen Organen angefordert und verwertet werden. Bei Bump to Send Money werden genaue Lokalisationsdaten der „Bumper" ermittelt und über das UMTS oder GSM-Netz an einen zentralen Server von PayPal, einer Tochter des eBay-Konzerns, übertragen. In der Vergangenheit hatte eBay bereits angekündigt, nutzerbezogene Daten auch ohne richterliche Anforderungen an staatliche Organe weiterzugeben.[257]

Der *Verbreitungsgrad* eines Zahlungssystems, zumindest innerhalb seines Teilmarktes, ist für die letztliche Durchsetzung entscheidend. Touch&Travel bietet durch die (in Zukunft) flächendeckend bereitgestellten Touchpoints im gesamten deutschen Bahnnetz einen hohe Verbreitung innerhalb seines Einsatzbe-

257 Vgl. Dror, 2003

reiches. Aufgrund des erst vor relativ kurzer Zeit erfolgten Markteinstieges von Bump to Send Money, sowie der zugrundeliegenden privat anzuschaffenden Technologie, ist sein Verbreitungsgrad noch sehr gering. mpass existiert hingegen zwar schon seit 2008, doch wie zu sehen ist, weist das Verfahren bis heute nur wenige Akzeptanzstellen auf und ist daher bestenfalls einer kleinen Minderheit überhaupt bekannt.

Die *Kosten für Zahlungsempfänger und Zahlungspflichtigen* können ausschlaggebend für die Akzeptanz sein. Für beide Parteien ist es wünschenswert, die Transaktionskosten so gering wie möglich zu halten, wobei nötigenfalls meist der Zahlungsempfänger bereit ist, die Kosten zu übernehmen. Für den Zahlungsempfänger werden bei mpass eine Grundgebühr sowie mittelhohe Transaktionskosten und Einrichtungskosten berechnet. Bei Touch&Travel entstehen der Deutschen Bahn für die Aufrüstung und Aufstellung der Touchpoints, sowie für die interne Infrastruktur, hohe Kosten. Bei Bump to Send Money muss der Zahlungsempfänger für die geringen bis mittelhohen Transaktionskosten ebenfalls aufkommen, wobei es sich hier um eine Privatperson handelt, die die Kosten auf sich nimmt. Um die Bump-Technologie überhaupt zu nutzen, müssten die Anwender das Apple-Betriebssystem (iOS) auf dem Handy installiert haben. Der Zahlungspflichtige hingegen muss bei allen drei Verfahren keine Nutzungsgebühr bezahlen; eventuelle Anschaffungskosten für spezielle Mobiltelefone sind dennoch auch bei Touch&Travel und Bump to Send Money nötig.

7. Deutschland im internationalen Kontext

Es war in den vorhergehenden Seiten zu sehen, wie Mobile Payment-Systeme in Deutschland bislang einige Schwierigkeiten hatten, sich durchzusetzen, obwohl unterschiedliche Verfahren bereits existieren und versucht worden sind. Die besprochenen Systeme erfüllten bislang jedoch nur einen Teil der Anforderungen der Nutzer, und blieben auf gewisse Anwendungsbereiche und Marktnischen beschränkt.

Dabei erkennt, wer einen Blick in andere Teile der Welt wirft, dass mobile Bezahlverfahren ausgesprochen erfolgreich sein können. Insbesondere wo sie akute Lücken im Zahlungsverkehrssystem eines Landes geschlossen haben, sich vielseitig anwendbar zeigten und klar an den Bedürfnissen der Nutzer ausgerichtet sind, haben Mobile Payment-Systeme durchschlagende Erfolge erzielt. Dieses Kapitel stellt einen kurzen Streifzug durch die "Welt" des Mobile Payments dar und beleuchtet Fälle auf vier Kontinenten. Ziel hiervon ist es weniger, einen vollständigen Überblick über alle aktuellen Entwicklungen auf dem Globus zu bieten. Stattdessen sollen anhand von herausragenden Positivbeispielen und sich abzeichnenden Entwicklungen, Rückschlüsse über den Fall Deutschland gezogen werden und die Umsetzbarkeit verschiedener Ansätze in diesem Markt besser eingeschätzt werden.[258]

7.1 M-PESA in Kenia – Ein Vorbild für Deutschland?

Da sie technologisch anspruchsvolle Verfahren sind, könnte erwartet werden, dass Mobile Payment-Systeme nur unter den in hoch entwickelten Ländern wie Deutschland vorgefundenen Bedingungen gedeihen können. Doch seit einiger Zeit wird auch in Deutschland von der außerordentlichen Erfolgsgeschichte von „M-PESA" in Kenia berichtet. In dem verhältnismäßig armen (BIP pro Kopf 851 US-Dollar in 2011)[259], ostafrikanischen Land mit 40,9 Millionen Einwohnern[260], so scheint es, hat dieses Mobile Payment-Verfahren in wenigen Jahren weitgehend den Alltag erobert. Warum nicht auch in Deutschland?

258 Da es weltweit sehr viele Mobile Payment-Verfahren gibt und es in vielen Ländern schwer ist Informationen zu diesen zu erhalten, werden in diesem Buch nur einzelne Beispiele aufgegriffen.

259 Vgl. International Monetary Fund, 2012; Gross domestic product per capita, current prices in 2011

260 Vgl. International Monetary Fund, 2012; Population in 2011

7.1.1 Von Kleinkrediten zu Mobile Payment

M-PESA ist ein seit 2007 angebotenes mobiles Zahlungssystem des kenianischen Mobilfunkunternehmens Safaricom. Entwickelt wurde das System vom britischen Telefonkonzern Vodafone in Zusammenarbeit mit Safaricom mit zusätzlicher finanzieller Unterstützung der Entwicklungshilfeorganisation UK Department for International Development (DFID). Die Grundidee war, laut Aussage der Förderer, ein System zu entwickeln, das Menschen mit geringen Einkommen einen vereinfachten Zugang zu Finanzdienstleistungen ermöglicht; [261] in der Praxis ging es hauptsächlich darum, die Verwaltung und Rückzahlung von Mikrokrediten zu vereinfachen.

An dem Projekt M-PESA war im Pilotstadium 2007 unter anderem das lokale Mikrofinanzinstitut (MFI) Faulu Kenya beteiligt. Kunden dieses MFI mussten wöchentlich ihre Kreditraten entrichten und dabei eventuell sogar eine Tagesreise mit dem Bus zur nächsten Filiale in Kauf nehmen, um das Geld zu übergeben, was ihnen durch die Rückzahlung per Mobiltelefon erspart werden sollte.[262] In der Praxis stellte sich jedoch heraus, dass dieses Verfahren zur Rückzahlung von Mikrokrediten von den Teilnehmern des Pilotprojektes auch für andere Zwecke des Zahlungsverkehrs genutzt wurde:

Manche Kreditnehmer zahlten Kredite für Andere über das Handy zurück, um im Gegenzug eine Gegenleistung zu erhalten.

Geschäfte nutzten M-PESA, um Handel mit anderen Geschäftspartnern zu verrechnen.

Einige Geschäfte benutzten M-PESA als Möglichkeit, sicher Geld über Nacht zu verwahren, da die sogenannten M-PESA-Agenten (auch: *agents*), eine Art M-PESA-Filiale in kleineren Supermärkten und Kiosken, oft länger als Banken geöffnet hatten.

Nutzer reisten zwischen den Gebieten, in denen die Pilotversuche stattfanden und zahlten Bargeld an einem Standort ein und ließen es sich anschließend ein paar Stunden später an einem anderen Standort wieder auszahlen (so reisten sie sicherer).

Nutzer sendeten Prepaid-Handyguthaben über M-PESA direkt zu ihren Verwandten auf dem Land, als eine Art informeller Geldüberweisung.

Auch zahlten einige Kreditnehmer letztendlich die Kredite Anderer zurück, die mit der Funktionsweise eines Mobiltelefons noch nicht vertraut waren, und erhielten im Gegenzug Bargeld.[263]

261 Vgl. Financial Sector Deepening (FSD) Kenya & Consultative Group to Assist the Poor (CGAP), 2012. S. 1
262 Vgl. Hughes, Lonie, 2007, S. 70
263 Vgl. Hughes, Lonie, 2007, S. 76

Nach dem Pilotprojekt war für Vodafone und Safaricom klar: die Rückzahlung von Krediten mit dem Mobiltelefon ist möglich, aber der entscheidende Nutzen ihres Systems lag noch viel allgemeiner in der Ermöglichung von bargeldlosem Zahlungsverkehr.[264] Aus einem Versuch, Kreditzahlungen günstiger und effizienter zu gestalten, entstand als Nebenprodukt ein einfach verständliches und in der Verwendung unkompliziertes mobiles Zahlungsverfahren, das heute symbolträchtig für die Möglichkeiten von Mobile Payment steht.

In nur fünf Jahren haben sich etwa 15 Millionen Kenianer ein M-PESA Konto eingerichtet,[265] und können nun bei *agents* Guthaben auf M-PESA-Konten als E-Geld laden oder Bargeld abheben. Mittlerweile gibt es ein flächendeckendes M-PESA-Netz mit über 23.000 M-PESA-Agenten.[266] Das Guthaben wird zwischen Kunden und Händlern von Telefon zu Telefon gesendet, wodurch Kunden allerlei erdenkliche Waren und Dienstleistungen bargeldlos auf den lokalen Märkten oder in Läden bezahlen können. Vor allem aber wird das Verfahren besonders gerne von Stadtbewohnern und Arbeitsmigranten genutzt, um ihren Angehörigen auf dem Land Geld zu überweisen.[267] Das Erfolgsmodell M-PESA wurde seitdem auch, teilweise unter anderen Namen, in Ländern wie Tansania, Afghanistan (M-Paisa), Südafrika, Katar (VMT) und Fidschi (M-PAisa) eingeführt oder nachgeahmt.[268]

7.1.2 Einfache Technik, wertvoller Dienst

Die Technik hinter M-PESA ist denkbar einfach. Die erforderliche M-PESA-Applikation ist als SIM Application Toolkit (STK) auf der SIM-Karte hinterlegt. Durch die STK-Erweiterung kann M-PESA mit fast jedem Mobiltelefon benutzt werden. Der Kunde kann über die vorinstallierte Menüführung auswählen, ob er Geld überweisen oder abheben möchte. Um beispielsweise Geld von seinem M-PESA-Konto abzuheben, gibt der Kunde die "Agent number", bei dem er sich gerade befindet, sowie den Betrag und seine PIN ein. Anschließend kann der Agent das Geld auszahlen und quittiert die Auszahlung in seinem Logbuch. Die Transaktionen zwischen zwei M-PESA-Kunden, oder zwischen einem M-PESA-Kunden und einem M-PESA-Agenten, erfolgt über den SMS-Dienst.[269]

264 Vgl. Hughes, Lonie, 2007, S. 77/78
265 Vgl. Safaricom Ltd, 2012f, S.1
266 Vgl. Safaricom Ltd, 2012a
267 Vgl. Hughes, Lonie, 2007, S. 78, S. 76
268 Vgl. Vodafone Group Plc., 2012
269 Vgl. Safaricom Ltd, 2012a

Als entscheidender Erfolgsfaktor für M-PESA lässt sich erkennen, dass es eine klare Marktlücke füllte. 90 Prozent der Kenianer besitzen kein Bankkonto[270], da es zum einen an vielen Orten gar keine Bankfilialen gibt, und zum anderen die Kontoführungsgebühren für die meisten Kenianer zu teuer sind. Nicht zuletzt dadurch bedingt können Händler beispielsweise nicht einfach, um eine Ware liefern zu lassen, das Geld per Banküberweisung zusenden. Sie müssen es oft Freunden oder Bekannten übergeben, die mit dem Bus zu dem Ort fahren, um das Geld einem anderen Händler zu übermitteln. Mit Bargeld zu reisen kann in Kenia sehr gefährlich sein, da Überfälle häufig sind. [271]

Mit M-PESA wurde ein Zahlungs-System entwickelt, für das kein Bankkonto benötigt wird. Einzige Voraussetzung ist ein Mobiltelefon und eine SIM-Karte von Safaricom. Da in Kenia inzwischen 65 Prozent[272] der Bevölkerung ein Mobiltelefon besitzen, war eine wichtige Vorrausetzung erfüllt. Eine hohe Verbreitung von Mobiltelefonen in Entwicklungsländern ist nicht ungewöhnlich - in Indien gibt es sogar mehr Mobiletelefone als Toiletten.[273]

7.1.3 Akzeptanz trotz hoher Kosten

Anders als bei vielen anderen Zahlungssystemen, muss bei M-PESA der Zahlungs*pflichtige* für die Kosten aufkommen. Die Gebühr der Transaktion hängt von der Höhe des zu überweisenden Betrages ab[274], wobei kleine Beträge prozentual weitaus höher belastet werden als große. Beim Micropaymentvon 2,50 Euro (275,00 KShs) fallen beispielsweise 0,23 Euro Transfergebühr an, also fast zehn Prozent. Der maximale Überweisungsbetrag liegt bei etwa 637,00 Euro (70.000,00 KShs) und erfordert eine Gebühr von gerade einmal 0,91 Euro (100,00 KShs) Euro. Bei Auszahlung des elektronischen M-PESA Geldes in Bargeld bei einem Agenten fällt wiederum eine Gebühr von 0,09 Euro bei einer Auszahlung bis zu 0,91 Euro (100 KShs) an, oder 2,73 Euro bei einer Auszahlung von maximal 637,00 Euro (70.000,00 KShs).[275][276]

Insgesamt befanden sich im Jahr 2011 über 516 Millionen Euro[277] als M-PESA-Guthaben auf kenianischen Mobiltelefonen, was einen durchschnittlichen

270 Vgl. Nerenberg, 2011
271 Vgl. Hughes, Lonie, 2007, S. 65, 71, S. 78
272 26.4 Millionen Mobilfunkverträge (Quelle: Communication Commission of Kenya, 2012, S. 6) von 40,9 Millionen Einwohnern (Quelle: International Monetary Fund, 2012)
273 Vgl. SPIEGELnet GmbH, 2012
274 Vgl. Safaricom Ltd, 2012c
275 Wechselkurs vom 12.04.2012: 1 EUR = 109,82KES
276 Transferkonditionen zu einem registrierten M-PESA-Anwender
277 Wechselkurs vom 12.04.2012: 1 EUR = 109,82KES

Betrag von 13 Euro pro Kenianer ausmacht [278] – in einem so armen Land wie Kenia eine beachtliche Summe. M-PESA ist aber inzwischen nicht mehr das einzige Mobile Payment-Verfahren in Kenia. Vergleichbare Produkte wie Airtel Money von dem Mobilfunkunternehmen Airtel Networks Kenya, Orange Money von Telcom Kenya und YuCash von Essar telecom bieten ähnliche Dienste.[279] Nach Angaben von Safaricom werden aber weiterhin 90 Prozent aller Mobile Money-Transaktionen in Kenia über ihr System M-PESA getätigt..[280] Safaricom hält indes auch den größten Marktanteil am kenianischen Mobilfunkmarkt mit 67,7 Prozent. Airtel Networks Kenya kommt hingegen gerade mal auf 15,7 Prozent, Essar telecom auf 6,2 Prozent und Telcom Kenya auf 10,4 Prozent.[281] Um weiterhin Marktführer zu bleiben, baut M-PESA neue Dienste aus: So können M-PESA Kunden inzwischen nicht mehr nur bei *agents*, sondern auch an Geldausgabeautomaten Bargeld abheben[282], Geld von einem M-PESA-Konto auf ein Bankkonto überweisen[283], und sogar Unfallversicherungen abschließen.[284]

Auf Basis dieser Erfahrungen wäre zu erwarten, das ein System wie M-PESA auch in Deutschland Erfolg haben könnte. Doch im Unterschied zu Kenia hätte das Verfahren eine starke bestehende Konkurrenz: die Banken. In Deutschland existiert schon heute ein flächendeckendes Bankensystem mit diversen Zahlungsmöglichkeiten für Kunden, wie Bezahlung mit der Bankkarte oder Kreditkarte beim Händler, Tätigung einer Überweisung per Onlinebanking, Einziehung einer Lastschrift über einen Onlineshop, oder Bargeldabhebung am Geldautomaten. Für alle diese Dienste sind die meisten Menschen in Deutschland überdies nicht gewöhnt, Gebühren zu zahlen. Da in Deutschland bis auf eine kleine Minderheit[285] fast alle Menschen Zugang zu einem Bankkonto haben, würden Mobile Payment-Verfahren für viele Menschen nicht die erstmalige Teilnahme am bargeldlosen Zahlungsverkehr bieten, sondern allenfalls komplementär zu den bestehenden Zahlungsverfahren in Deutschland fungieren.

M-PESA könnte in Deutschland wohl kaum als Konto-Ersatz dienen, sondern hätte nur die Funktion eines Prepaid-Kontos, auf dem e-Geld gespeichert wird, das mit dem Handy abrufbar ist. Für deutsche Verbraucher, die schon einen umfassenden Bankservice gewöhnt sind, wäre dieser Dienst wohl zu aufwändig, wie

278 Vgl. Communication Commission of Kenya, S. 10
279 Vgl. Germany Trade & Invest, 2011
280 Vgl. Safaricom Ltd, 2011
281 Vgl. Communication Commission of Kenya, S. 8
282 Vgl. Safaricom Ltd, 2012d
283 Vgl. Safaricom Ltd, 2012e
284 Vgl. Honsel, 2011
285 zwischen 1 und 5 Prozent; Vgl. Centre for Strategy & Evaluation Services, 2010, S. 26

nicht zuletzt auch die verhältnismäßig geringe Akzeptanz der ebenfalls prepaid-basierten „Geldkarte" seit 1996 zeigt[286].

7.2 Blick in die Welt

7.2.1 Zarte Pflänzchen in reichen Ländern

Die Schwierigkeiten, in mit Deutschland vergleichbaren hochentwickelten Marktwirtschaften das Handy als Zahlungsmittel durchzusetzen, lassen sich beim Blick ins Ausland erkennen. Nur wenige zarte Pflänzchen halten sich in ausgewählten Ländern. Aus ihren Strategien, sich in Konkurrenz mit anderen Zahlungsmodi durchzusetzen, oder aber sich mit bestehenden Bezahlverfahren zu arrangieren und sich in sie zu integrieren, und somit Mehrwerte zu schaffen, lassen sich Elemente und Konturen von womöglich in Zukunft auch in Deutschland erfolgreichen Systemen erkennen. Dieser Abschnitt stellt einige Beispiele aus Österreich, Polen, Schweden, Japan und den Vereinigten Staaten vor.

In Österreich besteht schon seit 2001 ein mobiles Bezahlverfahren, das mittlerweile (laut Anbieter) von etwa einer Million aktiver Kunden genutzt[287] und von über 7.000 Händlern akzeptiert wird: paybox.[288] An dem Verfahren beteiligen sich die vier größten Mobilfunkunternehmen Österreichs, A1, T-Mobile, Orange und tele.ring,[289] die zusammen einen Marktanteil von 91,7 Prozent ausmachen.[290] Das System paybox kann zwar von allen österreichischen Mobilfunkkunden benutzt werden, aber nur für die Kunden der vier großen Anbieter ist der Dienst kostenlos. Alle anderen zahlen eine Jahresgebühr von 19,00 Euro.[291] Die Kosten für den Dienst tragen die Händler, indem sie ein Disagio für jede Zahlung entrichten, jedoch in einer Höhe, die nicht öffentlich bekannt gegeben wird.

paybox ist sehr vielseitig und deckt weite Anwendungsbereiche des täglichen Lebens ab, wobei das übertragungstechnische Rückgrat des Zahlungssystems (in unterschiedlicher Ausprägung) der SMS-Dienst ist. Beispielsweise können Kunden ihre Fahrscheine für öffentliche Verkehrsmittel, Taxifahrten oder Parkscheine für das Auto per SMS oder über eine App bezahlen. Ebenso kann am Automaten (z.B. Getränkeautomat) und in Läden mit paybox eingekauft werden. So-

286 Vgl. Bender, 2010
287 Vgl. paybox Bank AG. 2012a
288 Vgl. paybox Bank AG. 2012b
289 Vgl. paybox Bank AG. 2012c
290 Vgl. Rundfunk und Telekom Regulierungs-GmbH, 2011, S. 27
291 Vgl. paybox Bank AG. 2012d

gar Lotto spielen und Wetten abschließen ist per SMS möglich, und paybox-Kunden können anderen Kunden und Nichtkunden Geld per SMS oder Onlineformular überweisen. Registrierte Nutzer müssen sich nicht mehr an Mautstellen mit ihrem Auto in die Warteschlange stellen, sondern bezahlen automatisch mit paybox, wenn das Nummernschild bei paybox hinterlegt ist – und der Nutzer erhält eine Bestätigungs-SMS für die Zahlung.[292] Somit ist dieses Bezahlverfahren in diversen Bezahlszenarien vom C2C über M-Commerce und E-Commerce bis hin zum regulären stationären Handel einsetzbar.

Bei der regulären Bezahlung über paybox wird die Handynummer oder eine anonyme Nummer[293], je nach Wunsch des Kunden, beispielsweise in einem Onlineshop eingegeben, oder im Geschäft an der Kasse genannt. Je nach Anwendungsfall bekommt dann der Käufer einen automatischen Anruf, in dem er aufgefordert wird, seine PIN auf seinem Mobilfunkgerät einzugeben, oder er bekommt eine automatische SMS zugesandt, die mit "ja" beantwortet werden muss, um die Zahlung zu autorisieren. Die autorisierte Zahlung wird anschließend dem Käufer per SMS oder e-Mail bestätigt.[294]

paybox bietet seit etwa Mitte des Jahres 2012 den Kunden auch das kontaktlose Zahlen per NFC an Kassen und Automaten an. Hier kann der Kunde bis zu 25 Euro durch das bloße Hinhalten seines Mobiltelefons an das Händlerterminal, ohne Eingabe von PIN oder Bestätigung per SMS, den Zahlungsvorgang durchführen. Wurde der Zahlungsvorgang abgeschlossen, erhält der Kunde sofort eine Zahlungsbestätigung per SMS.[295] Für Handys, die nicht über die Übertragungstechnologie NFC verfügen, gibt es von paybox einen kostenlosen NFC-Sticker, der auf das Gerät oder unter den Akkudeckel geklebt werden kann.[296] Der NFC-Sticker kann nur im Passiv-Modus (siehe Abschnitt 3.3.4.2) eingesetzt werden, da er nicht wie beim Aktiv-Modus ein magnetisches Wechselfeld aufbauen kann. Das Händlerterminal, welches den NFC-Initiator darstellt, erzeugt hier eine Lastenmodulation, damit der NFC-Sticker mit Energie versorgt wird und die Daten vom NFC-Sticker an das Händlerterminal übertragen werden kann.

Das Mobile Payment-System mPay in Polen setzt ebenso wie paybox in Österreich auf eine multifunktionale Produktpalette, und bietet seinen Kunden verschiedene Zahlungsmodalitäten an. Kunden können per Handy auf ihre MasterCard-Kreditkarte zugreifen oder nach Prepaid-Prinzip von ihrem Bankkonto

292 Vgl. paybox Bank AG. 2012c
293 Der Kunde kann sich bei Paybox eine anonyme Wunschnummer erstellen lassen.
294 Vgl. paybox Bank AG. 2012e
295 Vgl. paybox Bank AG. 2012f
296 Vgl. paybox Bank AG. 2012g

Geld auf ein mPay-Konto hochladen.[297] Zahlungen können per USSD-Befehl, per Sprachcomputer, oder per NFC-Verbindung durchgeführt werden.

mPay ist eine Tochterfirma des polnischen Internet- und Telekommunikationsunternehmens ATM, das 2007 den Service „Pay With Your Mobile“ (Polnisch: „pieniądze w telefonie“) in Zusammenarbeit mit dem polnischen Citibank-Ableger Citi Handlowy und dem Mobilfunkbetreiber Polkomtel startete.[298] Der Dienst wurde vorerst nur für Fahrkarten im öffentlichen Nahverkehr der Hauptstadt Warschau eingeführt, ist aber seither unter anderem auf das Bezahlen in Parkhäusern und in Online-Shops ausgeweitet worden und ermöglicht heute sogar C2C-Transaktionen.[299] Angeblich ist auch die Zahlung im stationären Handel möglich, aber die Firma macht keine Angaben über den Verbreitungsgrad der Annahmestellen.[300] Für die Bezahlung per mPay muss der Händler unabhängig vom Warenwert 1,00 Zloty entrichten, umgerechnet etwa 23 Cent, wobei für den Kunden die Transaktion kostenlos ist.[301]

Geschäfte, in denen mit mPay bezahlt werden kann, sind mit einem Aufkleber oder Logo markiert, auf dem ein Nummern-Code (beispielsweise: *145*123456#) steht, die der Kunde auf seinem Handy anruft oder eingibt. Unterdessen meldet der Händler den Preis der Ware an mPay, den der Kunde wiederum mit seiner PIN bestätigt. Am Ende erhalten sowohl Händler und Kunde eine Bestätigung der Zahlung (der Kunde per SMS), und die Ware kann überreicht werden. Die Möglichkeit der Zahlungsabwicklung per Sprachcomputer (genauer: IVR, interactive voice response) ist einzigartig unter den in diesem Buch untersuchten Mobile Payment-Verfahren; aber insgesamt kommt mPay offenbar nur mäßig an. So konnte das Unternehmen Mitte des Jahres 2010 insgesamt mehr als 150.000 Nutzer und zehntausende monatliche Transaktionen vermelden;[302] angesichts fast 40 Millionen Polen jedoch eine eher überschaubare Nutzungsstatistik.

In Schweden kam das Start-Up-Unternehmen iZettle auf die Idee, mobile Geräte von Apple (wie das iPhone und iPad) zu eigenständigen mobilen POS-Terminals zu erweitern. Seit Mitte 2011 können größere Händler wie auch Kleinunternehmer in Schweden, Norwegen, Finnland und Dänemark iZettle benutzen,[303] und Anfang 2012 wurde der Dienst nach Großbritannien ausgeweitet.[304] Um das iPhone bzw iPad zur Kartenakzeptanzstelle zu erweitern, wird das

297 Vgl. mPay S.A., 2012a; Unter der Verwendung von Google Übersetzter
298 Vgl. Financial News Publishing Ltd, 2008
299 Vgl. ATM S.A., 2010
300 Vgl. ATM S.A., 2012
301 Vgl. mPay S.A., 2012b; Unter der Verwendung von Google Übersetzter
302 Vgl. ATM S.A., 2011; Vgl. ATM S.A., 2010
303 Vgl. iZettle AB, 2012b
304 Vgl. iZettle AB, 2012c

iZettle-Modul – ein Mini-Kartenlesegerät, das in den USB-Ausgang des Gerätes gesteckt wird – und eine dazugehörige Software benötigt. Nicht wie bei anderen, US-amerikanischen Kartenleseaufsätzen für das Handy wie Square oder PayPal „Pay Here", welche nur die Magnetstreifen von Kreditkarten auslesen können, liest iZettle den EMV-Chip von Debit- und Kreditkarten. Der Kartenleser ist zertifiziert (er erfüllt die EMVCo und PCI-DSS Standards)[305] und hat gute Vorraussetzungen, in weitere europäische Länder zu expandieren. Kann eine Karte aus technischen Gründen einmal nicht über den Chipkartenleser verarbeitet werden, so kann der Anwender die Kartendaten auch direkt über die Applikation eingeben. Aus Sicherheitsgründen besteht bei dieser Variante ein Tageslimit von 100 Euro.[306]

Beim Bezahlvorgang mit iZettle wählt der Verkäufer seine zu verkaufende Ware in einer von ihm mit den Preisinformationen eingerichteten App aus und steckt die Karte des Kunden in den Kartenleser. Um die Zahlung endgültig zu bestätigen, authentifiziert sich der Käufer durch seine Unterschrift auf dem Touchscreen des Verkäufers. Auf Wünsch kann der Käufer auch seine E-Mail-Adresse eintragen, um anschließend eine Zahlungsbestätigung per E-Mail zu erhalten.[307] Kartenlesegerät und App werden hier dem Anwender kostenlos zur Verfügung gestellt, doch iZettle berechnet Transaktionsgebühren, die in jedem Land unterschiedlich sind und zum Teil von der verwendeten Karte abhängen. Zum Beispiel wird in Schweden und Finnland 2,75 Prozent des Mastercard-, Visa- und Diners Club-Umsatzes und 3,75 Prozent des American Express-Umsatzes berechnet. Werden Kartenzahlungen einmal nicht über den Kartenleser verarbeitet, sondern von Hand, wird zusätzlich ein Disagio von 3,5 Prozent sowie eine Transaktionsgebühr von 0,15 Euro berechnet.[308]

Aaron Greenspan, angeblicher Miterfinder des sozialen Netzwerks Facebook, steht hinter einem eigenen Mobile Payment-System aus den Vereinigten Staaten namens FaceCash. Mit FaceCash können seit Mai 2011 Kunden den Service, der auf der einfachen Technik des Strichcodes (siehe Abschnitt 3.1.3) basiert, nutzen. Der Kunde benötigt ein Smartphone mit iOS, Android oder BlackBerry-Betriebssystem, um die FaceCash-Applikation zu installieren, oder nur ein internetfähiges Handy, um ohne die App zu bezahlen. Der User erhält ein Profil, in dem er seine Bank- und Kreditkarten eintragen, sowie ein Passfoto zur Identifizierung hochladen kann. Beim Bezahlvorgang an der Kasse öffnet der Käufer die mobile Applikation (oder die Internetseite), gibt seine PIN ein, und wählt eine der von ihm eingegebenen Bank- oder Kreditkarten aus dem Profil aus. Für jede

305 Vgl. iZettle AB, 2012a
306 Vgl. iZettle AB, 2012d
307 Vgl. iZettle AB, 2012e
308 Vgl. iZettle AB, 2012f

der Karten wurde ein Strichcode erzeugt, der dem beim Händler zum Einscannen vorgezeigt wird. Der Händler bekommt daraufhin zudem das Passfoto des Karteninhabers auf seinem POS-Terminal angezeigt, und kann anhand des Gesichts die Identität des Käufers überprüfen – das „Face" in FaceCash.[309]

Für die Kunden ist die Nutzung von FaceCash kostenlos; sie können auch C2C Geld zueinander senden. Der Händler bezahlt hingegen je Transaktion ein Disagio von 1,5 Prozent. Ein mobiles Bezahlverfahren unter Einsatz von Strichcodes kann für Händler sehr nützlich sein, da viele Kassensysteme mit Barcode-Scanner in Geschäften schon installiert sind. Investitionen in neue Hardware, wie bei anderen Mobile Payment-Verfahren, die beispielsweise eine NFC-Schnittstelle benötigen, wären hier nicht nötig. Kleinere Geschäfte können auch das webbasierte POS-System von FaceCash benutzen; das Geld wird dann vom Kunden elektronisch über die FaceCash-App an den Händler gesendet.[310]

Ähnlich wie das vorherige mobile Bezahlverfahren verwendet auch „LevelUp" Scancodes als Authentifizierungsmittel, allerdings QR-Codes (siehe Abschnitt 3.1.3). Um LevelUp zu benutzen, muss der Kunde eine mobile Applikation auf sein Smartphone mit iOS oder Android Betriebssystem installieren, oder ein internetfähiges Handy besitzen. Registrierte User erhalten einen eigens für ihr LevelUp-Profil generierten QR-Code, der für die spätere Zahlungsautorisierung verwendet wird und den sie beim Zahlen vorzeigen. Der Kunde hinterlegt Bank- und Kreditkarten in seinem Profil bei LevelUp und wählt beim Bezahlvorgang eine Zahlungsvariante aus seiner App aus und hält zur Zahlungsausführung sein Handy mit dem QR-Code dem Händler vor, der wiederum mit seiner Handykamera den QR-Code einscannt. Besitzer klassischer Mobiltelefone (feature phones) können sich auch eine Plastikkarte mit dem QR-Code erstellen lassen, damit dieser eingescannt werden kann. Der Käufer bekommt nach Abschluss des Bezahlvorgangs eine Quittung per E-Mail zugeschickt.[311]

Der Händler benötigt ein Smartphone mit iOS oder Android-Betriebssystem, auf dem die „LevelUp Merchant App" installiert werden kann. Für den Händler entstehen keine Kosten für die Kontoeinrichtung, aber LevelUp fordert zwei Prozent des Transaktionsumsatzes. Ein besonderer Vorteil für Händler ist die Mobilität des Systems, wodurch er von fast überall Zahlungen entgegen nehmen kann – ideal, dem Anbieter zufolge, beispielsweise für Pizzalieferanten oder in Restaurants.[312] LevelUp startete im Juli 2011 und im Sommer 2012 gab es schon in 17 Städten in verschiedenen Landesteilen der USA Händler, die LevelUp benutzten; wobei jedoch nur acht Großstädte (New York City, Boston, Philadel-

309 Vgl. Think Computer Corporation, 2012a
310 Vgl. Think Computer Corporation, 2012b
311 Vgl. Empson, 2012
312 Vgl. LevelUp, 2012b

phia, Atlanta, Chicago, Seattle, San Diego, San Francisco) ein nennenswertes Netz von Annahmestellen vorweisen konnten.

In Japan besteht ein populäres Mobile Payment-System namens Osaifu-Keitai (zu Deutsch etwa: „Mobile Geldtasche"), das von dem japanischen Mobilfunkunternehmen NTT DoCoMo eingeführt wurde. Das Besondere am Service von Osaifu-Keitai: es können Kreditkarten, Bankkarten, Mitgliedskarten, Fahrkarten und diverse japanische Bonuskarten hinterlegt werden, so dass der Kunde beim Bezahlen automatisch auf sie zugreifen kann. Wie weiter unten erwähnt, ist Japan das Land mit der höchsten Zahl an Karten pro Person, so dass Osaifu Keitai seinen Nutzern hilft, den Überblick zu bewahren.

Das System basiert auf einen von Sony entwickeltem RFID-Transponder namens Felicity Card (FeliCa), der sich im Handy befindet. Wie bei der kontaktlosen Zahlung per NFC wird das Mobiltelefon an ein RFID-Lesegerät gehalten, um den Bezahlvorgang durchzuführen. Ein vermutlicher Hauptgrund für die hohe Akzeptanz ist, dass alle vier japanischen Mobilfunkanbieter (NTT DoCoMo, au, SoftBank Mobile, WILLCOM) sich an dem Dienst beteiligen.

So besteht bislang die "Welt" des Mobile Payment eher aus wenigen Lichtpunkten in einzelnen Ländern, denen große Flächen mit gescheiterten oder nie wirklich umgesetzten Versuchen gegenüberstehen. Dabei ist, wie sich mit Hinblick auf internationale Daten feststellen lässt, das Handy in einigen Teilen der Welt schon jetzt weit verbreitet und in der Lage für Zahlungen eingesetzt zu werden.

7.2.2 Eine mobile Welt?

In einer gemeinsamen Studie „Our Mobile Planet" von Google, Ipsos (ein Forschungsunternehmen) und MMA (die Mobile Marketing Association) wurde 2011 das Nutzerverhalten von Smartphone-Besitzern in 30 Ländern untersucht. Die Ergebnisse zeigen sehr auffällig die hohe Verbreitung von Smartphones in vielen Ländern. In Singapur gibt es, wie in keinem anderen Land, die größte Smartphone-Durchdringung mit 62 Prozent. 32 Prozent der US-Bürger besitzen ein Smartphone; in Deutschland dagegen gerade mal 18 Prozent der Befragten. Überraschenderweise weist das als technologisch fortschrittlich geltende Japan nur 6 Prozent Smartphone-Besitzer auf, wobei die Studie bedauerlicherweise jedoch nie klarstellt, ob die Smartphone-Verbreitung sich auf die Gesamtbevölkerung oder auf die Bevölkerung mit Handys bezieht.[313]

313 Vgl. Our Mobile Planet, 2011

Abbildung 18: Smartphone-Durchdringung weltweit

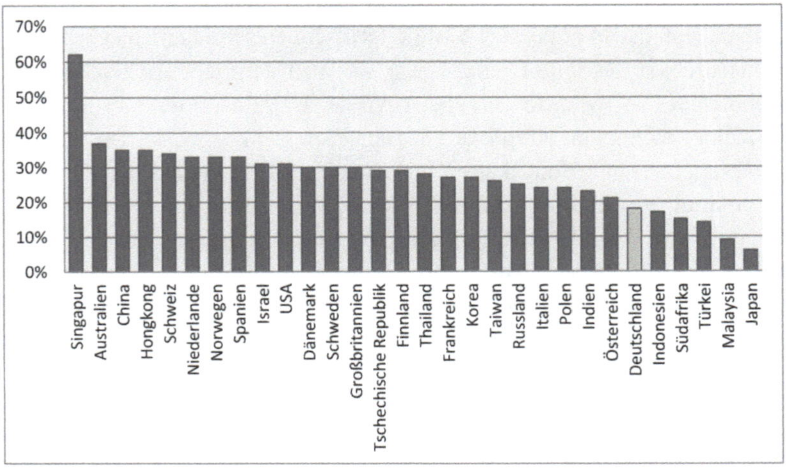

Datenquelle: Our Mobile Planet, 2011

Wie schon im vorherigen Abschnitt besprochen wurde, wird das Mobile Payment Verfahren Osaifu-Keitai in Japan von vielen Verbrauchern im Alltag verwendet. Dies spiegeln auch die Zahlen der Studie wider: knapp 50 Prozent der Smartphone-Besitzer in Japan geben an, ihr Gerät schon zum Einkaufen genutzt zu haben, wobei die Rate in China und Indien sogar noch etwas höher ist. Vergleichsweise liegt die Quote in den USA und in Deutschland bei unter 30 Prozent. Insgesamt erscheinen hier asiatische Länder als aufgeschlossener gegenüber Mobile Payment als Europäische, mit den Niederlanden als Schlusslicht mit nur 14 Prozent.

Abbildung 19: Jemals über das Smartphone eingekauft

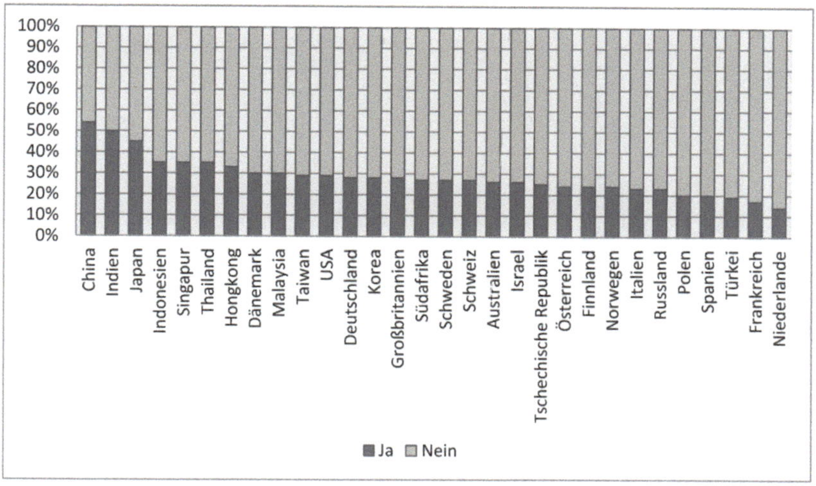

Datenquelle: Our Mobile Planet, 2011

In der Mobile World-Studie wurden Menschen auch nach Hindernissen gegenüber dem Einkaufen mit dem Handy befragt. Als Hauptgrund für das Nichtnutzen wurde in Deutschland das Vorziehen des PCs, um Bezahlungen durchzuführen, angegeben. 21 Prozent der Befragten erklärten, mobile Bezahlverfahren seien noch nicht sicher genug und 12 Prozent fanden sie zu kompliziert. In den USA liegt die Ungewissheit in Sachen Sicherheit sogar bei 37 Prozent. Im Gegensatz zu den deutschen Anwendern fanden jedoch nur 5 Prozent der Japaner mobile Bezahlverfahren zu kompliziert. Somit sind in einem gewissen Rahmen kulturelle Faktoren zu erkennen. Allerdings weist die durchgehend hohe Präferenz für PC und Laptop daraufhin, dass der Einkauf über das Handy meist keine separate Zahlungsweise oder neue Verkaufswege beinhaltet, sondern für die in dieser Erhebung befragten Nutzer das Smartphone lediglich als Zugang zum Internet diente.

Abbildung 20: Grund der Ablehnung von mobilen Bezahlverfahren

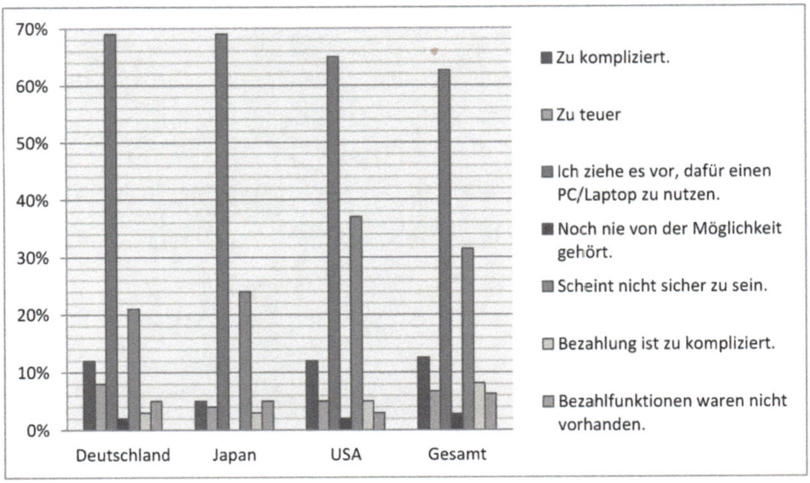

Datenquelle: Our Mobile Planet, 2011

Auf die Hauptfunktion des Smartphones als mobiler Internetzugang, statt als originäres Zahlungsmittel, verweisen ebenfalls die Antworten der Nutzer auf die Frage nach den genutzten Zahlungsmethoden. Insgesamt überwiegen die üblichen Zahlungsmethoden: Kreditkarte, Rechnung, Bankeinzug und PayPal. Mobile Payment-Verfahren im eigentlichen Sinne, also Zahlungsverfahren, bei denen das Mobilfunkgerät selbst eine Hauptrolle übernimmt, nutzten die Smartphone-Besitzer nur in wenigen Fällen. Im globalen Durchschnitt gaben nur 6 Prozent an, eine „auf dem Smartphone verwendete Zahlungsmethode" zu nutzen, und nur 2 Prozent NFC; in Deutschland noch weniger.

Abbildung 21: Verwendete Zahlungsmethoden beim Mobile Payment

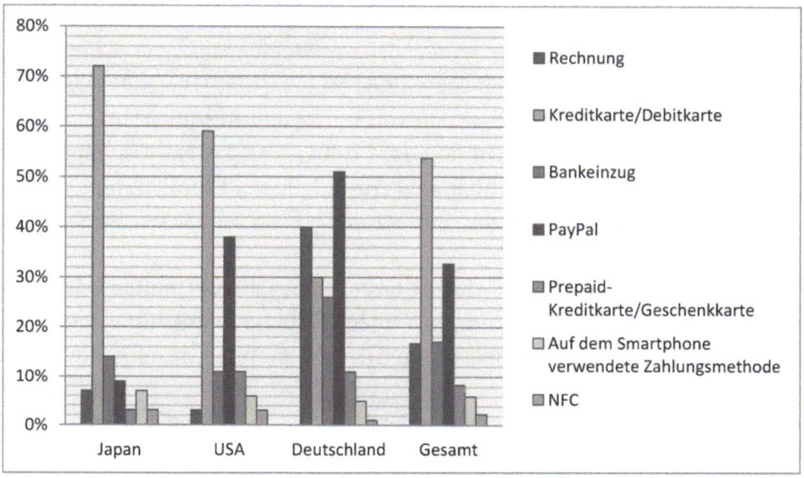

Datenquelle: Our Mobile Planet, 2011

7.2.3 Wer ist bereit für Mobile Payment?

Ein weiterer interessanter internationaler Datensatz ist seit Mitte 2012 erhältlich. Die Kreditkartenorganisation MasterCard hat jüngst 34 Länder untersucht, um in Erfahrung zu bringen, welche Ländler für eine Einführung von mobilen Bezahlverfahren am besten vorbereitet sind. MasterCard entwickelte einen sogenannten „MasterCard Mobile Payments Readiness Index" (MPRI), in dem öffentliche Daten, von MasterCard erhobene Daten, sowie Marktforschungsergebnisse anderer Organisationen Verwendung fanden. Bewertet wurden die Länder gemäß sechs Kategorien – Kundenakzeptanz, Marktumfeld, Finanzdienstleistungen, Infrastruktur, M-Commerce Cluster und Regulierung – die zusammen einen Scoringwert von bis zu 100 Punkten ergeben konnten.[314]

Kundenakzeptanz: Hier wurden drei Anwendungsbereiche von mobilen Bezahlverfahren – C2C, M-Commerce und der stationäre Handel – analysiert. Zu jedem dieser Bereiche wurden die Kunden nach ihrem aktuellen Kenntnisstand über mobile Bezahlverfahren, ihrer Bereitschaft zur Nutzung dieser Verfahren, und ob sie jemals ein mobiles Bezahlverfahren in dem jeweiligen Anwendungsbereich genutzt haben, befragt.

314 Vgl. MasterCard, 2012c, S. 1, 2

Umfeld: Hier wurden wirtschaftliche (z.B. Pro-Kopf-Einkommen), technologische (z.B. Internetzugang bei Verbrauchern) und demographische Daten (Technologieanpassungen bei Unternehmen) ausgewertet.

Finanzdienstleistungen: Hier wurde der Entwicklungsgrad von Finanzdienstleistungen für Verbraucher analysiert (z.B. Zugang und Bezahlbarkeit von Finanzdienstleistungen oder Verbreitung von Bank- und Kreditkarten).

Infrastruktur: Hier wurden Umfang und Entwicklungsstand („sophistication") der nationalen Mobilfunkbranche in den Ausprägungen Mobiltelefonverbreitung, Mobilfunknetzabdeckung und der Einsatz der NFC-Technik bei POS-Terminals erhoben.

M-Commerce Cluster: Hier wurden bestehende Partnerschaften oder Konsortien zwischen Finanzdienstleistungsinstituten, Telekommunikationsunternehmen, Regierungen und anderen Akteuren im Bereich mobiler Bezahlsysteme analysiert.

Regulierung: Hier bewertete MasterCard die Struktur und Effizienz gesetzlicher und staatlicher Organe im Zusammenspiel mit der Wirtschaft, insbesondere den Kommunikations- und Technologieunternehmen.[315]

MasterCard geht davon aus, dass ab 60 Punkten auf ihrer Skala Mobile Payment-Verfahren sich im Mainstream der Zahlungsmittel durchgesetzt haben werden – allerding ist nicht ersichtlich, nach welchen Kriterien genau 60 Punkte den „inflection point" darstellen sollen (siehe Abbildung 22). Das am weitesten entwickelte Land ist MasterCard zufolge Singapur, mit einem Scoringwert von 45,6 Punkten, in auffälliger Übereinstimmung mit der Smartphone-Durchdringungsrate aus der Mobile World-Studie. Mit einem gewissen Abstand folgen Kanada (42 Punkte), danach die USA (41,5 Punkte), Kenia (40,4 Punkte), Südkorea (39,7 Punkte) und Japan (39,6 Punkte). Es lohnt sich, in den kommenden Absätzen, die einzelnen Kategorien noch einmal genauer unter die Lupe zu nehmen, da sich hier jeweils verschiedene Spitzenreiter und teils überraschende Einschätzungen von MasterCard erkennen lassen.

315 Vgl. MasterCard, 2012c, S. 3, 4

Abbildung 22: 34 Länder im MPRI mit Punkten bewertet

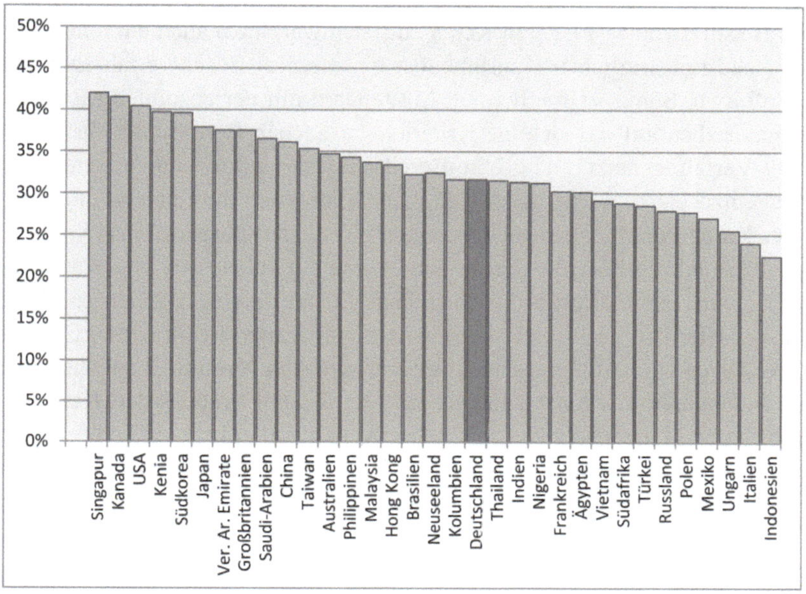

In Anlehnung: MasterCard, 2012c, S. 6

In der Kategorie „Kundenakzeptanz" ist Kenia führend, insbesondere im C2C-Bereich. 89 Prozent der Kenianer waren mobile Bezahlverfahren zwischen zwei Personen bekannt, oder sie gaben an, sie verwenden zu wollen. 68 Prozent der Kenianer verwendeten schon MasterCard zufolge mobile Bezahlverfahren, um einer anderen Person Geld zu übertragen. Besonders interessant ist, dass Kenia in den Anwendungsbereichen POS und M-Commerce Spitzenreiter ist, obwohl es in Kenia diese Art von mobilen Bezahlverfahren noch gibt.[316] Diese Zahlen deuten auf begeisterte Verbraucher und eine gute Grundlage zum weiteren Ausbau der bestehenden Mobile Payment-Verfahren in Kenia hin.[317]

In der Kategorie „Umfeld" sind die USA Spitzenreiter, insbesondere weil sie unter allen untersuchten Ländern mit 33.000 US Dollar die höchsten Ausgaben pro Haushalt aufweisen – wo viel ausgegeben wird sieht MasterCard offenbar

316 Das Mobile Payment-Verfahren M-PESA bietet den Dienst an, um zwischen zwei Personen Geld zu übertragen. Dies kann zwischen Geschäftsleuten, zwischen Verkäufer und Käufer, aber auch zwischen Privatpersonen genutzt werden. M-PESA bieten aber noch keinen Dienst an, um an Automaten, in Geschäften am Händlerterminal oder Produkte für/über das Handy zu kaufen.

317 Vgl. MasterCard, 2012d

einen lukrativen Markt. Im weltweiten MPRI-Durchschnitt lagen die Haushaltsausgaben gerade einmal bei 11.000 US Dollar, und Kenia ist Schlusslicht. Doch wie am Beispiel von M-PESA in Kenia zu sehen war, kann auch ein unterentwickeltes Land mit ärmlichen Konsumenten ein mobiles Bezahlverfahren erfolgreich einführen. Somit ist fraglich, ob MasterCard mit der absoluten Menge der Konsumausgaben auf das richtige Kriterium in Sachen Bereitschaft für Mobile Payment-Verfahren setzt. Die größte Bereitschaft der Unternehmen, neue Technologien einzusetzen, war in den Vereinigten Arabischen Emiraten zu finden.[318]

In der Kategorie „Finanzdienstleistungen“ ist Japan führend. Japan weist mit weitem Abstand die höchste Dichte von "Karten" (welche Art von Karten gemeint ist, wird von MasterCard nicht erläutert), mit durchschnittlich 15 Karten pro Person. Hier lässt sich folgern: die Anzahl der Karten ist für MasterCard vor allem deswegen von Bedeutung, weil der Konzern sich vermutlich am ehesten an Mobile Payment-Verfahren beteiligen möchte, die auf bestehenden Kartensystemen basieren. Weitere Länder mit hoher Kartendichte, bezahlbareren Finanzdienstleistungen und hoher Kundenzufriedenheit sind MasterCard zufolge Singapur, die USA, Hong Kong, und Kanada, wobei Deutschland auch als überdurchschnittlich wahrgenommen wird.[319]

Singapur zeigt in der Kategorie „Infrastruktur“ den höchsten Scoringwert. Aber auch China, Indien, USA und Japan werden ebenfalls aufgrund insgesamt hoher Mobiltelefonverbreitung, Netzabdeckung und der Verbreitung von NFC-fähigen POS-Terminals hohe Werte zugeschrieben.[320]

In der Kategorie „M-Commerce Cluster“ ist Kanada das führende Land. Hier sei, laut MasterCard, die Zusammenarbeit zwischen Banken und Mobilfunknetzbetreibern einzigartig weit fortgeschritten. 2011 habe der Netzbetreiber „Rogers“ den Antrag gestellt, als Bank anerkannt zu werden, was die Möglichkeit eröffnet, die Telekommunikations- und Finanzdienstleistungs-Dimensionen eines mobilen Bezahlverfahrens unter dem Dach einer einzigen Firma zusammenzuführen. Von MasterCard ebenfalls positiv betrachtet werden Planungen in Singapur und den Vereinigten Arabischen Emiraten seitens der Regierungen, in Zusammenarbeit mit Banken und Mobiltelefonanbietern mobile Bezahlverfahren zu entwickeln. In Kolumbien, Japan und Südkorea gebe es auch Partnerschaften, um Mobile Payment-Verfahren zu entwickeln.[321]

Laut MasterCard hat Singapur letztendlich in der Kategorie „Regulierung“ auf Grund gut entwickelter Gesetzte bezüglich der Informations- und Kommunikationstechnologie, wieder den höchsten Scoringwert von 84 Punkten. Hong Kong,

318 Vgl. MasterCard, 2012d
319 Vgl. MasterCard, 2012d
320 Vgl. MasterCard, 2012d
321 Vgl. MasterCard, 2012d

Neuseeland und Kanada weisen ebenfalls hohe Werte in MasterCard's Einschätzung der nationalen Rechtssysteme auf.[322] Ihre Schwerpunkte legen Sie mit folgender Aussage dar:

"Länder mit Rechtssystemen, in denen Konflikte effektiv beigelegt werden können und die Industrie effektiv reguliert wird, und die eine gut ausgearbeitete Gesetzgebung für Informations- und Kommunikationsindustrien aufweisen, bieten einen für die Entwicklung von Mobile Payment förderlichen regulatorischen Rahmen."[323]

Deutschland hat einen gesamten Scoringwert von 31,6 Punkten, und liegt damit im Mittelfeld beim Ländervergleich. In den Kategorien Umfeld, Regulierung und Finanzdienstleistungen schneidet Deutschland überdurchschnittlich ab, begründet durch die gute Flächenabdeckung des Finanzsektors und das gute Preis-Leistungs-Verhältnis bei Finanzdienstleistungen. Zugang zum Internet in der Bevölkerung liegt bei 82 Prozent, was mit knapp 30 Prozent weit über dem weltweiten Durchschnitt liegt. Deutschland erhält aber niedrige Werte für Investitionen in der Telekommunikationsstruktur. In der Abbildung 23 ist zu erkennen, dass in Deutschland die Bekanntheit und die Bereitschaft zur Nutzung von Mobile Payment-Verfahren insgesamt klein ist, und die Nutzung mobiler Bezahlverfahren ist vergleichsweise gering. Die große Abweichung Deutschlands von den teils recht hohen Durchschnittswerten in Sachen Bekanntheit, Bereitschaft, und tatsächlicher Nutzung von Mobile Payment-Verfahren ist wohl zum einen auf das Fehlen herkömmlicher Zahlungsverfahren in vielen anderen Ländern, beispielsweise wie in Kenia, zurückzuführen. Zum anderen ergründen sich die niedrigen Werte in Deutschland auch durch die Bevorzugung von Bargeld (beispielsweise in 94 Prozent der Transaktionen zwischen Personen). Wie im Kapitelabschnitt 5.2.1 "Allgemeine Nutzerstatistiken" schon beschrieben wurde, werden in Deutschland im stationären Handel weiter 82 Prozent der Transaktionen mit Bargeld beglichen.

322 Vgl. MasterCard, 2012d
323 MasterCard, 2012a

Abbildung 23: Akzeptant mobiler Bezahlverfahren in Deutschland

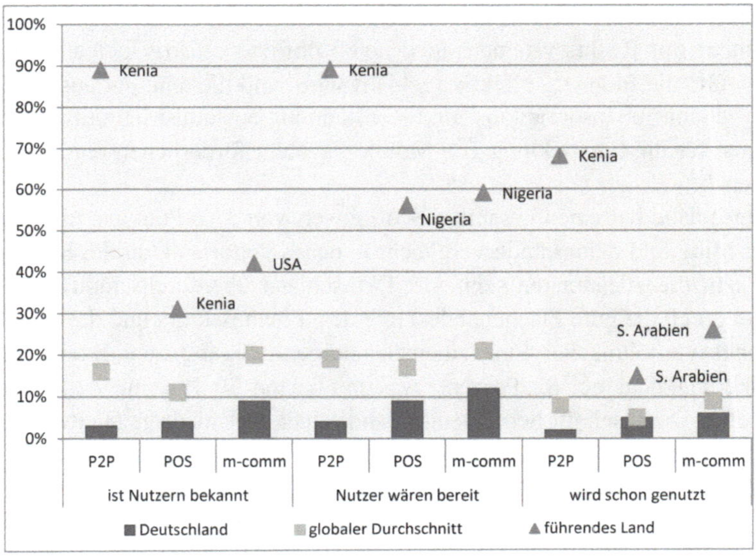

Datenquelle: MasterCard, 2012b, S. 2

In der Kategorie M-Commerce Cluster letztendlich liegt der Scoringwert Deutschlands im MasterCard-Index bei 0 Punkten.[324] MasterCard zufolge mangelt es in Deutschland an Partnerschaften zwischen Akteuren, aus denen effektive Mobile Payment-Verfahren herauswachsen könnten. Ob hierbei die Partnerschaft, die hinter mpass steht berücksichtigt wurde, ist nicht bekannt.

7.3 Kampf der Global Player?

Angesichts der Erfolge einzelner Systeme in einzelnen Märkten, sowie der günstigen internationalen Situation, die in Studien wie „Our Mobile Planet" und den Erhebungen von MasterCard zu sehen ist, erscheint der Markt für Mobile Payment-Verfahren weiterhin sehr fragmentiert und unterentwickelt. Viele kleinere Anbieter versuchen in ausgewählten Ländern das Mobiltelefon als Zahlungsmittel durchzusetzen und bleiben dabei oft nur im lokalen Bereich und nur auf bestimmte Anwendungsbereiche beschränkt. Wirklich durchschlagende Erfolgsfälle wie M-PESA, die das Bezahlen im Alltag grundlegend verändern und sich

324 Vgl. MasterCard 2012b

auch über nationale Grenzen hinweg durchsetzen konnten, bilden die große Ausnahme.

Doch es lassen sich in jüngster Zeit, meist von den USA ausgehend, verstärkte Bemühungen einiger gut aufgestellter "Global Player" erkennen, national und eventuell auch international tragfähige Mobile Payment-Verfahren aufzubauen. Wenn ihre Systeme sich als alltagstauglich und nützlich erweisen sollten, könnten die an unterschiedlichen Systemen arbeitenden Unternehmen wie Google, PayPal und eine Handvoll weiterer Konzerne bald in einem Konkurrenzkampf um das mobile Geld der Nutzer stehen.

In den USA zeichnet sich seit 2011 ein beginnendes Wettrüsten von Startups und Global Playern ab, um das erste universelle und massentaugliche mobile Bezahlverfahren auf den Markt zu bringen. Die vielen Erfahrungen mit anderen gescheiterten mobilen Bezahlverfahren zeigen, dass ein durchsetzungsfähiges System mindestens einfacher, schneller und umfänglicher sein muss, und eine hohe Akzeptanz bei Händlern aufweisen muss, um von den Kunden angenommen zu werden. So leuchtet es ein, dass führende Firmen aus dem comsumer electronics-Bereich, der Mobilfunksparte, und dem Finanzsektor (die drei im Abschnitt 1.2.3 beschriebenen Akteursgruppen) vermehrt zusammen arbeiten, um ihre jeweiligen Stärken zu bündeln – doch wie stark die viel verkündeten „Partnerschaften" in der Praxis tatsächlich sind, muss sich noch zeigen.

7.3.1 ISIS

Im November 2010 gründeten die drei größten Mobilfunkdienstleister Verizon, AT&T, und T-Mobile USA ein gemeinsames Konsortium namens ISIS mit einer Gesamtinvestition von 100 Millionen US Dollar,[325] um ein neuartiges Mobile Payment Verfahren zu entwickeln. Zusammen stellt das „joint venture" 68 Prozent des US-Amerikanischen Mobilfunkmarktes (siehe Abbildung 24). ISIS setzt auf die Nahfeld-Übertragungstechnologie NFC, bei der der Kunde sein Mobiltelefon mit einem maximalen Abstand von 10 cm an ein Händlerterminal hält, um eine Zahlung durchzuführen; wie bei allen NFC-Verfahren muss der Käufer bei ISIS eine mobile Applikation vorher auf seinem Smartphone installiert haben. Mit der ISIS-App kann der Käufer zudem auf seine Kredit- und Bankkarten und Bonuskarten, sowie Rabattgutscheine zugreifen, ähnlich wie bei der japanischen „mobilen Geldtasche" Osaifu Keitai.

325 Vgl. Financial Times Deutschland, 2011

Abbildung 24: Marktanteile der Mobilfunkunternehmen in den USA

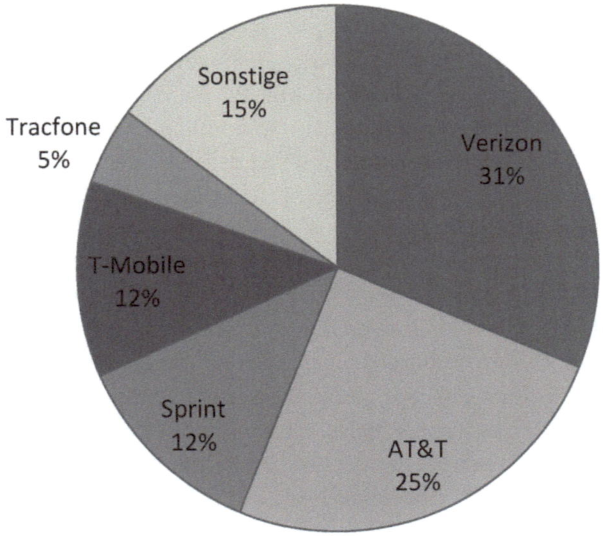

Datenquelle: comScore, Inc., 2010

Damit der Durchbruch im Mobile Payment gelingt, hat ISIS seine Zusammenarbeit mit einer großen Vielfalt von Akteuren angekündigt. Einerseits gibt ISIS an, mit POS-Terminalherstellern wie VeriFone, Ingenico, VIVOtech und Equinox gemeinsam gegenwärtige und zukünftige Händlerterminals auf die technischen Erfordernisse des ISIS-Bezahlsystems abstimmen zu wollen.[326] Andererseits haben auch Mobilfunkgerätehersteller wie HTC, LG, Motorola, RIM, Samsung und Sony Ericson verkündet, dass sie den von ISIS entwickelten technischen NFC-Standard in ihre Mobiltelefone integrieren werden.[327] Auch Finanzinstitute wie Chase, Barclay und CapitalOne und die Kreditkartenfirmen MasterCard, Visa, American Express und Discover konnten für die Teilnahme gewonnen werden.[328]

Bei einem Zahlungsvorgang muss der Käufer die ISIS-App mit seiner vierstelligen PIN freischalten, wählt die zu verwendende Karte aus, und hält das Smartphone an das NFC-Lesegerät des Händlers. Das ISIS-Zahlungsverfahren ist ab Sommer 2012 in zwei Pilotstädten in den USA, Austin (Texas) und Salt

326 Vgl. JVL Ventures, LLC, 2012b
327 Vgl. JVL Ventures, LLC, 2011
328 Vgl. JVL Ventures, LLC, 2012c

Lake City (Utah), versuchsweise auf dem Markt.[329] Dem Anschein nach, werden also ausschließlich Smartphone-Besitzer mit NFC-fähigen Geräten mitmachen können – laut „Our Mobile Planet“ hatte 2011 knapp ein Drittel aller Amerikaner ein Smartphone. Damit auch Smartphones ohne NFC-Schnittstelle das ISIS-Bezahlverfahren nutzen können, arbeitet ISIS derzeit mit der Firma DeviceFidelity an einer Erweiterung für diese Telefone. Beispielsweise könnten Geräte mittels einer speziellen microSD-Karte, die von DeviceFidelity entwickelt wurde, NFC-fähig gemacht werden.[330] Doch wenigstens einen „Service“ hat ISIS schon eindeutig angekündigt: die Bereitstellung von maßgeschneiderten Angeboten und Rabatten. ISIS verspricht also Mobile Payment mit Werbung inklusive, direkt auf das Smartphone.

7.3.2 Google

Im Konsortium ISIS sind viele etablierte Konzerne aus dem Finanz- und Mobilfunkbereich versammelt, die mit ihrer gemeinsamen „Kriegskasse“ von 100 Millionen US-Dollar fast unbezwingbar erscheinen mögen, so dass einige Beobachter ihre Konkurrenz schon für geschlagen erklärt haben.[331] Erkennbar abseits steht tatsächlich der wohl größte „Global Player“ überhaupt, Google, der auch sein Revier im mobilen Zahlungsverkehr der Zukunft zu markieren versucht. Google setzt ebenso auf die NFC-Technologie und hat ein Mobile Payment-System namens Google Wallet entwickelt, das seit September 2011 in den USA genutzt werden kann.

Wie bei ISIS können über Google Wallet Bonuskarten, Discountangebote und Kreditkarten auf dem NFC-Chip hinterlegt werden. Momentan können Nutzer nur die Citi Mastercard mit PayPass-Funktion (NFC-Zahlen ohne PIN oder Unterschrift bis zu 50 US Dollar) und die Google PrepaidCard für kontaktlose Zahlungen einsetzen, wobei Google eine Übernahme anderer Karten in Zukunft angekündigt hat. Die Google PrepaidCard ist keine physikalisch existierende Plastikkarte, sondern eine „virtuelle Karte“, auf die Kunden Guthaben hochladen können, um Google Wallet nutzen zu können. Google Wallet kann an allen Händlerterminals eingesetzt werden, wo MasterCard PayPass akzeptiert wird, indem das Mobilfunkgerät an das NFC-Händlerterminal gehalten wird. Vor dem Zahlungsvorgang ruft der Käufer die Google Wallet-Applikation auf seinem Smartphone auf und autorisiert sich mittels PIN-Eingabe.[332] Zahlungen ab 50 US

329 Vgl. JVL Ventures, LLC, 2012c
330 Vgl. JVL Ventures, LLC, 2011
331 Vgl. Cervantes, 2012
332 Vgl. Google Inc., 2012a

Dollar erfordern eine weitere Autorisierung des Karteninhabers beim Kauf durch PIN oder Unterschrift.[333] In Deutschland und anderen europäischen Ländern liegt diese Grenze bei 25 Euro.[334]

Auch Google hat die Zusammenarbeit mit unterschiedlichen Akteuren bekanntgegeben. Mit von der Partie sind der Mobilefunkanbieter Sprint – erkennbar abwesend bei ISIS (siehe Abbildung 24) - sowie der Dienstleister für bargeldlosen und kartengestützten Zahlungsverkehr FirstData. Die Terminalhersteller VeriFone, ViVOtech, Hypercom und Ingenico sind selbstverständlich daran interessiert, ihre NFC-Systeme für möglichst viele Mobile Payment-Verfahren zugänglich zu machen und arbeiten daher Großteils sowohl mit ISIS und Google zusammen. Für eine Erhöhung der Sicherheit setzt Google auf eine „Partnerschaft“ mit dem Halbleiterhersteller NXP Semiconductors, ursprünglicher Mitentwickler der NFC-Übertragungstechnologie.

Insgesamt wirkt Googles Einstieg in den Bereich Mobile Payment etwas zögerlicher als das Projekt ISIS. Dies veranlasste auch ISIS-Sprecher Jaymee Johnson dazu, zu urteilen, Google Wallet sei “sehr, sehr eingeschränkt in seiner Reichweite: nur ein einziges Handset, nur ein Zahlungsträger, eine Bank. Das reicht nicht aus, um das Verhalten von zig-millionen Konsumenten zu verändern.“ Doch immerhin ist Google Wallet seit Herbst 2011 auf dem Markt, während ISIS erst Mitte 2012 in die Pilotphase tritt. Es wäre zudem nicht das erste Mal, dass Google bei neuen Produkten erst spät mit einem eigenen ausgereiften Angebot nachzieht, oder sich eine lange Beta-Phase zum Prüfen seiner Optionen einräumt, um danach aufzutrumpfen: beispielsweise mit Google Mail, Google Chrome, Google+ oder Google Talk. Der Konzern scheint auch im Mobile Payment eher abzuwarten, was sich bei der Konkurrenz tut – vielleicht bei den Nachbarn aus dem Silicon Valley, Paypal?

7.3.3 PayPal

Das Unternehmen PayPal ist als Online-Bezahldienst bekannt und gehört zum eBay-Konzern. In den letzten Jahren zeigte sich, dass Paypal sein Bezahlsystem auch zunehmend auf die Anwendung im Bereich mobiler Endgeräte ausweitet. PayPal setzt allerdings nicht wie ISIS und Google Wallet auf eine bestimmte Technologie oder zielt hauptsächlich auf den Einsatz im stationären Handel, sondern versucht sich als „Allrounder“ für den bargeldlosen Zahlungsverkehr von Privatpersonen und Unternehmen zu positionieren. Dafür arbeitet PayPal an

333 Vgl. MasterCard, 2012e
334 Vgl. MasterCard, 2012f

einer Reihe von Produkten und Applikationen, die den Weg hin zum umfassenden Mobile Payment-System beschreiten.

Für Zahlungen im Online-Bereich dürfte vielen potentiellen Mobile Payment-Kunden Paypal schon vertraut sein. Ein erster Einstieg in das Einkaufen über PayPal auch außerhalb der Onlinewelt könnte für Sie die „PayPal QRShopping"-App darstellen. Der Nutzer soll zu jeder Tages- und Nachtzeit für Waren in Schaufenstern, in Zeitschriften oder in Werbeplakaten die QR-Codes des Händlers einscannen können, und in seinem PayPal-Einkaufskorb ablegen.[335] Eine weitere Nischenapplikation für PayPal ist die Bump to Send Money-Technologie, die von PayPal und Apple gemeinsam entwickelt wurde. iPhone-Besitzer können, wie Abschnitt 6.3 „Bump to Send Money" beschrieben, durch sanftes aneinanderstoßen ihrer Geräte Geld von einem Paypal-Konto zum anderen übertragen. Smartphone-Besitzer mit Android-Betriebssystemen können auch zum Versenden von Geld von PayPal-Konto zu PayPal-Konto die sogenannte „Peer-to-Peer-NFC-Lösung" verwenden, bei der ein Nutzer einen Geldbetrag beantragt (als „Master" bzw. „NFC-Initiator; siehe auch Abschnitt 3.3.4.1), die Handys anschließend zusammengeführt werden, und der andere Nutzer die Zahlungsaufforderung mit seinem Passwort bestätigt.[336]

Im Bereich der Point-of-Sale-Zahlungen bietet PayPal in den USA, Kanada, Australien und Hong Kong das Produkt „Paypal Here" für Händler an. Ähnlich wie bei Square und iZettle (siehe Abschnitt 7.2.1) wird durch ein daumengroßes Paypal-Magnetstreifenlesegerät, das in den Kopfhörer-/Mikrofonanschluss gesteckt wird und der Paypal Here-App das Smartphone in ein mobiles Zahlungsterminal für Händler verwandelt. Mit dem Aufsatz können Kreditkarten von MasterCard, Visa, Amercian Express und Discover angenommen werden und der Kunde kann anschließend auf dem Touchscreen des Händlers unterschreiben. Der Aufsatz und die mobile Applikation sind sogar in der Anschaffung für den Händler kostenlos, jedoch muss er eine Gebühr von 2,7 Prozent für jeden Umsatz, egal ob per PayPal oder Kreditkarte entrichten. Mit der Applikation können sogar Schecks abfotografiert und Rechnungen über Paypal gestellt werden, was für den Händler kostenlos ist.[337]

Für Andriod-Smartphones, die mit dem Kartenaufsatz nicht kompatibel sind, gibt es die Möglichkeit mittels dieser App die Kreditkarte abzufotografieren oder die Kreditkartendaten per Hand einzutippen. Bei dieser Variante fällt eine Gebühr von 3,5 Prozent des Umsatzes an und eine zusätzliche feste Transaktionsgebühr von 0,15 US Dollar (bemerkenswerterweise das gleiche Gebührenmuster

335 Vgl. PayPal (Europe) S.à r.l. & Cie, S.C.A., 2012a
336 Vgl. Roehlinger, 2011; Vgl. Bruness, 2011
337 Vgl. PayPal (Europe) S.à r.l. & Cie, S.C.A., 2012b

wie bei iZettle in Europa).[338] Mit der PayPal App sollen wiederum Käufer das Geschäft aus einer Liste der umgebenden Verkaufsorte, die „Paypal Here“ akzeptieren, heraussuchen und ihre Kaufabsicht mit "I´m Here" bestätigen; der Händler ist somit darauf vorbereitet, anhand des Fotos des Kunden, den Käufer zu identifizieren und die Zahlung durchzuführen (eventuell eine eher umständliche Art der Zahlungsanbahnung aus Sicht des Kunden).[339]

Das Konzept von Paypal zielt letztendlich darauf ab, nicht nur ein reines Bezahlsystem zu sein, sondern als „virtuelles Haushaltsbuch“ zu fungieren. Der Überbegriff des Projekts heißt „Digital Wallet“. PayPal verspricht in einem Hochglanz-Werbevideo „PayPal: Future of Shopping“, den Kunden größere Kontrolle über ihr Konsumentenleben erlangen zu können. Allerdings nur dadurch, dass sie ihren gesamten Konsum über Paypal abwickeln.[340] Kunden können eine Ware beispielsweise im Laden mit PayPal kaufen und sich aber in 5 bis 7 Tagen noch um entscheiden, doch noch mit einer anderen Zahlungsform zu zahlen, oder nachträglich Rabattgutscheine einzulösen, oder eine Ratenzahlung zu vereinbaren: alles per PayPal. Mit Digital Wallet kann der Kunde auch Einkaufs- oder Wunschlisten zusammenstellen, Preise vergleichen, und zudem sich von PayPal die passenden Ermäßigungsgutscheine aus der Liste suchen lassen. Für größere Anschaffungen wie Reisen kann ein Sparziel angelegt werden, oder der Kunde kann PayPal nutzen, um sich zu disziplinieren, indem er eine allgemeine Obergrenze für bestimmte Einkäufe festlegt.[341]

338 Vgl. PayPal (Europe) S.à r.l. & Cie, S.C.A., 2012b
339 Vgl. PayPal (Europe) S.à r.l. & Cie, S.C.A., 2012b
340 Vgl. Shrauger, 2012
341 Vgl. Shrauger, 2012

8. Fazit

8.1 Rückblick

Nach der kurzen Einführung, in der der aktuelle Stand der Entwicklung von Mobile Payment-Systemen beleuchtet wurde – wobei erkennbar wurde, dass bislang wenige Verfahren sich auf dem Markt durchsetzen konnten, und die meisten Versuche wieder eingestellt wurden – wurden im Abschnitt 1.2, „Grundlagen von Mobile Payment" wesentliche Begriffe wie M-Commerce und E-Commerce erklärt und abgegrenzt. Besonders wichtig war die Definition von Mobile Payment als jene Transaktionen, bei denen ein telefonierfähiges mobiles Gerät *zur Zahlung* eingesetzt wird, wobei eine Abgrenzung insbesondere wegen der zunehmenden Mobilität von computerähnlichen Mobiltelefonen nicht immer vollkommen eindeutig zu betreiben ist. Knapp formuliert bleibt jedoch der Ursprungsgedanke von Mobile Payment, *das Handy als Geldbörse* zu benutzen. Es wurde erläutert, dass Zahlungsmittel die Form von Bargeld, Buchgeld auf Kontokorrentkonten, oder e-Geld annehmen können, und dass Buchgeld oder e-Geld die wesentlichen Zahlungsmittel für Mobile Payment-Lösungen sind. Zudem wurden die drei Haupt-Akteursgruppen im Mobile Payment und ihre Bedeutung besprochen, nämlich Mobilfunknetzbetreiber, Hardwarehersteller und Finanzintermediäre.

Aufbauend auf diesen Grundlagen wurden in den Kapiteln 2 bis 4 insgesamt dreizehn verschiedene Klassifizierungskriterien für Mobile Payment-Lösungen ermittelt. Hierbei wurden Belastungszeitpunkt, Umsatzhöhe, Zahlungsverfahren und Bezahlszenarien als Kriterien des Zahlungsablaufs besprochen. Als technische Kriterien wurden Authentifizierung, Kartenzugriff, Übertragungstechnologien, Datenübertragungssicherheit und Endgerät/Betriebssystem diskutiert. Benutzerfreundlichkeit, Vertraulichkeit der Daten, Verbreitungsgrad und Kosten wurden als die vier Kriterien der Nutzerwünsche identifiziert. Alle Kriterien wurden einzeln in ihrer Bedeutung erläutert und es wurden jeweils mehrere Merkmale besprochen, die die Kriterien in der Praxis aufzeigen können. Diese Klassifizierungskriterien lieferten die Bausteine für den Analyserahmen der darauffolgenden Besprechung von existierenden Mobile Payment-Anwendungsfällen.

Nach der Entwicklung der Klassifizierungskriterien wurde im Kapitel 5 „Rahmenbedingungen und Akzeptanz" auf die zugrundeliegenden Nutzer-Präferenzen, Nutzerschichten und rechtlichen Rahmenbedingungen, die für mobile Bezahlverfahren in Deutschland relevant sind, eingegangen. Bei den Anforderungen zeigte sich, dass Käufer und Händler viele gemeinsame Ansprüche an Mobile Payment-Systeme haben, aber diese Ansprüche oft unterschiedlich gewichtet sind. Technische Sicherheit, einfache Bedienung und niedrige Kosten sind für den Käufer die wichtigsten Anforderungen; der Händler hingegen wünscht in erster Linie geringe Zahlungsausfälle, bestenfalls aber garantierte Zahlungen. Das Zahlverhalten der Käufer wurde nach unterschiedlichen soziodemographischen Merkmalen untersucht, indem mit dem Sinus-Milieu-Modell die unterschiedlichen Nutzertypen vorgestellt und ihre Bereitschaft, neue Bezahlverfahren anzunehmen, analysiert wurde. Nur knapp dreißig Prozent der Bevölkerung in Deutschland macht die mögliche Gruppe der „Early Adopter" aus, die sich für innovative Technik und Bezahlsysteme einfach begeistern lässt. Im letzten Abschnitt wurden die rechtlichen Rahmenbedingungen für den nationalen und internationalen Einsatz von mobilen Bezahlsystemen kurz erläutert, und es wurde auf den europäischen Rahmen eingegangen.

Im Kapitel 6 "Anwendungsfälle in Deutschland" wurde aus den ermittelten modellübergreifenden Klassifizierungskriterien für mobile Bezahlsysteme ein umfassender Analyserahmen zusammengesetzt und auf drei Fälle angewandt. Anhand des Analyserahmens wurden drei ausgewählte Praxisbeispiele – mpass, Touch&Travel, Bump to Send Money – auf ihre einzelnen Merkmale hin untersucht. So wurde festgestellt, dass sich die technologischen Grundlagen der einzelnen Systeme zwar erheblich unterschieden – zum Beispiel setzt mpass auf die SMS als Autorisierungsmittel während Touch&Travel hauptsächlich auf das neuartige NFC zur Zahlungsauslösung setzt, Bump to Send Money hingegen mit Location-based Services mittels UMTS, GSM, GPS und WLAN arbeitet – aber einige Stärken und Schwächen den Modellen gemeinsam sind. Alle drei Systeme bieten einfache Bedienung; alle drei Systeme setzen auf das traditionelle Bankensystem zur Zahlungsabwicklung, wodurch zwar Risiken vermieden werden, aber keine eigentliche Innovation im Zahlungsverkehr zustande kommt. Ebenfalls generieren alle drei Systeme nennenswerte Kosten, die immer den Zahlungsempfänger direkt treffen.

In Kapitel 7 wurde schlussendlich der internationale Kontext für Mobile Payment-Verfahren in Deutschland untersucht. Mit M-PESA in Kenia wurde eines der bislang herausragendsten Erfolgsbeispiele eingehend analysiert, um zu verstehen, wie es in diesem armen afrikanischen Land zur flächendeckenden Durchsetzung eines mobilen Bezahlsystems kommen konnte. Daraufhin wurde der Blick auf die weitere Welt gerichtet und diverse Mobile Payment-Systeme in Ländern wie Schweden, Polen, Österreich, Japan und den USA vorgestellt. Außerdem wurden die Ergebnisse zweier großer internationaler Studien besprochen, die Aufschluss über die derzeitige Situation und das zukünftige Potenzial für mobile Bezahlverfahren in vielen Ländern gaben. Zuletzt wurden aktuelle Entwicklungen untersucht, an denen ein sich anbahnender Kampf der „Global Player" (vorerst in den USA) um das Mobile Payment der Zukunft erahnen lässt. Sowohl Google als auch PayPal (als Teil des eBay-Konzerns) und das Mobilfunk-Konsortium ISIS arbeiten an konkurrierenden Mobile Payment-Verfahren, die zwar großes Potenzial haben, aber auch Nachteile für die Nutzer bringen könnten.

8.2 Ausblick: Deutschland

Somit hat dieses Buch eine umfassende Analyse der aktuellen Situation von Mobile Payment und den zugrundeliegenden Techniken geboten. Aus den drei Einzelanalysen in Kapitel 6 stellen wir ein Umdenken in Deutschland bei der Einführung von Mobile Payment-Lösungen fest: auf Kooperation zwischen den beteiligten Institutionen wird heute vermehrt geachtet, womöglich aber noch immer nicht in ausreichendem Maße. Touch&Travel setzt beispielsweise auf mehr Zusammenarbeit mit verschiedenen Partnern bei Mobilfunkbetreibern, Verkehrsbetrieben, Halbleiterunternehmen und Chipkartenherstellen. Mit mpass wurde, nach einigen missglückten Alleingängen der Mobilfunkbetreiber bei mobilen Bezahlsystemen, ein gemeinschaftliches System von Vodafone und O_2 entwickelt, dem sich die Deutsche Telekom ebenfalls angeschlossen hat. Der Wunsch der Kunden, dass bei mobilen Bezahlsystemen ein Kreditinstitut oder renommierter Finanzdienstleister als Intermediär (statt nur als nachrangiger Abwickler ohne eigene Verantwortung) beteiligt sein sollte, bleibt aber aufgrund von Kooperationsschwierigkeiten in allen vorgestellten Fällen bislang unerfüllt.

Ebenso wurde in den Anwendungsbeispielen erkannt, dass Benutzerfreundlichkeit und geringe Kosten zu den wichtigsten Anforderungen der Kunden gehören, die von den neuen Systemen zunehmend erfüllt werden. Schließlich gibt es schon andere Bezahlverfahren, wie Kreditkarte und Bankkarte (mit Geldkartenchip), die den Anforderungen der Benutzerfreundlichkeit und Kostenlosigkeit gerecht werden. Die Entwickler von Mobile Payment-Verfahren scheinen diese Konkurrenz inzwischen erkannt zu haben. Dennoch müssen Mobile Payment-Verfahren einfacher und günstiger sein, als dies bisher der Fall war, und bestenfalls kostenlos für den Kunden sein. Wie sich zeigte, streben alle drei Modelle in diese Richtung, machen dabei aber eventuell Abstriche bei der Sicherheit und beim Reiz für den Zahlungsempfänger.

In Punkto Akzeptanz haben es bisweilen sogar kartenbasierte Systeme schwer gehabt. Am Point-of-Sale und am Automaten ist das Beliebteste weiterhin das Einzige vom Gesetzgeber hergestellte Zahlungsmittel: Bargeld. Selbst im E-Commerce wird gerne auf altbewährtes wie Lastschrift oder Überweisung zurückgegriffen. Ist die Bevölkerung in Deutschland also noch nicht bereit für die nächste Generation von Zahlungsmitteln? Wohl schon, denn es können sich satte 50 Prozent vorstellen, das Mobiltelefon für Zahlungen einzusetzen[342]. Offensichtlich bringen auch die erprobten und bewährten Zahlungsmodi Nachteile mit sich – beispielsweise die schiere Menge an Bank- und Kreditkarten in der Geldbörse, oder die Diebstahlgefahr von Bargeld – weswegen die Kunden prinzipiell gerne mit dem Handy zahlen würden.

Es wird für die Anbieter der mobilen Zahlungssysteme der Zukunft von entscheidender Bedeutung sein, eigene Mehrwerte in Sachen Benutzerfreundlichkeit und Vertrauen zu schaffen, die die Nachteile mobiler Zahlungssysteme ausgleichen. Ein wichtiger Schritt in diese Richtung wäre, einen einheitlichen Standard zu schaffen, bestenfalls in echter Zusammenarbeit mit deutschen Kreditinstituten, sodass ein ganzheitliches Konzept für alle Bezahlszenarien, Betragshöhen und Zielgruppen geschaffen wird, welches der Funktion einer Kreditkarte gleicht. Hierdurch würde die Kreditkarte gegebenenfalls durch das Handy ersetzbar, womit eines der ursprünglichen Ziele des Mobile Payment erreicht wäre. Das subjektive und objektive Sicherheitsempfinden der Nutzer muss jedoch gestärkt werden durch bessere Aufklärung und Informationen, sowie durch eigene Kontrollmöglichkeiten und hohe und dennoch benutzerfreundliche Sicherheitsstandards.

Die vorgestellte Analyse der Nutzerstruktur in Deutschland nach soziodemographischem Profil zeigt, dass die Anwendung neuer Technologien sich asymmetrisch in der Bevölkerung verbreitet. Somit müssen neue Technologien zuerst von den technikaffinen „Early Adoptern" (primär Moderne Performer, Etablierte und Experimentalisten) akzeptiert werden, um danach ihren Weg hin zum breiten Markterfolg unter den Gruppen der „Early/Late Majority" zu finden. Doch ob sich einige besonders technikbegeisterte Menschen im Silicon Valley gegenseitig Geld zu-„bumpen", ist für den deutschen Durchschnittsnutzer von wahrlich geringer Bedeutung. Um die kritische Masse zu erreichen, muss der individuelle (Zusatz-)Nutzen eines neuen Bezahlverfahrens auch für sogenannte „Ottonormalverbraucher" erkennbar sein. Ihre Anforderungen in Fragen Sicherheit, Bedienbarkeit und vielseitiger Einsetzbarkeit müssen sichtbar erfüllt werden, damit sich ein System durchsetzen kann. Dabei werden technische Gimmicks höchstens eine nachrangige Rolle spielen.

Im selben Maße sollte sich die akademische Forschung im Bereich des Mobile Payment um ein besseres Verständnis der technischen Lebenswelt der User bemühen. Hierbei könnten Einsichten beispielsweise aus den Feldern der Psychologie, Soziologie und Neurowissenschaften eine ebenso große Rolle spielen wie die unbestreitbaren Fortschritte in den Technikwissenschaften. Der Mehrwert ei-

342 Vgl. Bundesministerium für Wirtschaft und Arbeit , 2004, S. 1

nes solchen Ansatzes wurde hier durch den Einsatz des Sinus-Milieu-Modells in dieser Analyse bewiesen. In diesem Sinne hat das Buch einen ersten Versuch unternommen, Mobile Payment in seine verschiedenen technischen Aspekte aufzugliedern, und diese mit zentralen Erkenntnissen über die Nutzer, ihre Gesellschaft und die entsprechenden Rahmenbedingungen symbiotisch zusammenzuführen. Anhand der vorgestellten Anwendungsbeispiele sind die Stärken eines solchen theoretischen Ansatzes unter Beweis gestellt, und es bleibt zu hoffen, dass zukünftige Forschungsarbeiten mit einer stärkeren fächerübergreifenden Arbeitsweise zur Verbesserung von Mobile Payment-Systemen im Sinne der Nutzerorientierung beitragen können. Denn ohne ein ganzheitliches Konzept werden wohl auch gegenwärtige existierende oder neu eingeführte Mobile Payment-Systeme an mangelnder Verbreitung und Akzeptanz scheitern.

In der Vergangenheit gab es schon einige Lösungen, die nach ein paar Jahren wieder aus dem Markt zurückgezogen werden mussten. Durch eigens geschaffene Barrieren für den Kunden, wie die Beschränkung auf bestimmte Kundengruppen (z.B. mobile Wallet nur für T-Mobile-Kunden) oder auf bestimmte Anwendungsfälle (z.B. mpass nur für E-Commerce), wird eine Marktdurchdringung erschwert. Der Kunde wünscht ein Zahlungsmittel, das er immer und überall einsetzen kann, ganz egal welchem Mobilfunkanbieter oder welcher Käuferklasse er angehört, oder ob er gerade im Supermarkt oder auf Ebay einkauft. Dabei darf die einzusetzende Technologie nicht zur sehr Vordergrund stehen. Ohne eine gewisse Anpassung an die Bedürfnisse der Masse scheitert ein System, egal wie fortschrittlich die Technologie auch sein mag. Die Entwickler von Mobile Payment-Technologien müssen daher ihre Vorstellungen an jenen der Durchschnittsnutzer orientieren.

8.3 Ausblick: Global

Global betrachtet, werden kleine Mobile Payment-Systeme, wie die länderspezifischen Systeme in Teilen Europas (paybox, mPay), oder FaceCash und LevelUp in den USA, gegen Akteure wie ISIS, Google oder PayPal/eBay ankämpfen müssen. Vielleicht werden manche von ihnen eine Nebenrolle innerhalb der großen Systeme finden. Demgegenüber scheint durch seine Einfachheit das bisher einzige über alle Zweifel bewährte Mobile Payment-System M-PESA eher dazu bestimmt, die Bedürfnisse von Entwicklungsländern zu decken, und nicht bald Märkte in Europa oder Nordamerika einzunehmen.

In den kommenden Jahren wird sich daher aller Wahrscheinlichkeit nach im Konkurrenzkampf der (amerikanischen) Global Player Google, PayPal/Ebay und des Konsortiums ISIS um die Geldbörsen und Ladenkassen entscheiden, wie die

Zukunft des Mobile Payment aussieht. Auffällig ist nicht zuletzt auch die Hingabe des Kreditkartenunternehmens MasterCard für Mobile Payment, sichtbar an der Erstellung eines hauseigenen MPRI-Indexes und seiner Teilnahme an Projekten wie ISIS, Google Wallet und mpass. Apple hält sich indes (noch) bedeckt, scheint aber auch an eigenen Verfahren zu arbeiten.[343] So werden wohl große Unternehmen statt kleiner Start-Ups entscheiden, was aus dem Handy als Geldbörse wird. Der Kampf der Global Player verspricht, erbittert zu werden. PayPal klagte schon 2011 gegen Google wegen angeblicher illegaler Abwerbung seiner Mitarbeiter mitsamt ihres Wissens über Mobile Payment. Die Klage wurde sogar just am Tag nach dem Start von Google Wallet eingereicht.[344]

In der Konkurrenz der Konzerne wird sich nicht nur klären, welche Technologien – beispielsweise NFC oder Scan-Codes – durchsetzungsfähig sind. Auch wird in diesem Prozess erkennbar werden, welche Kombination von Akteuren und Dienstleistungen notwendig ist, um Kunden zu überzeugen, dass Mobile Payment nicht nur ein technischer Gimmick sondern ein für sie nützliches und wünschenswertes Verfahren ist.

So wird sich nicht nur zeigen, welche Anforderungen die Nutzer tatsächlich an Mobile Payment-Verfahren stellen, sondern auch, welche Anforderungen diese wiederum an die Nutzer stellen. Denn viele Verfahren basieren nicht nur auf technischen Neuerungen, für die die Nutzer neue Geräte kaufen müssten, sondern erfordern auch eine Bereitschaft der Nutzer, ihre Konsumgewohnheiten in einem bisher völlig ungekannten Maß preiszugeben. Die Verknüpfung mobiler Bezahlverfahren mit Werbeangeboten, Haushaltsbudgets und Ratenkrediten in den von den „Global Playern" entwickelten Verfahren eröffnet unangenehme Fragen nach Privatsphäre und Datenschutz. Deutsche Kunden sind hier bekanntermaßen besonders vorsichtig, wie in Abschnitt 4.2 gezeigt. Beispielsweise räumen die Datenschutzbestimmungen von Google Wallet dem Anbieter das Recht ein, Informationen der Nutzer für Geomarketing- und Marktforschungszwecke zu verwenden und zu verkaufen.[345] Ob diese Art von Informationserhebung und –gebrauch im Rahmen von mobilen Zahlungsverfahren für die Nutzer annehmbar oder abschreckend ist, muss sich noch zeigen.

343 Vgl. Sims, 2012;

344 Vgl. Computer Bild Digital GmbH, 2011; Vgl. Sawall, 2011

345 „Möglicherweise geben wir zusammengefasste, nicht persönlich identifizierbare Informationen an Dritte weiter. Zu diesen Informationen gehört beispielsweise, welcher Prozentsatz unserer Nutzer eine Rechnungsadresse in einem bestimmten geografischen Gebiet hat oder welcher Prozentsatz unserer Nutzer eine bestimmte Kredit- oder Bankkarte verwendet."(Google Inc., 2011).

8.4 Schlussbetrachtung

Zusammenfassend stellen wir fest, dass Mobile Payment in Deutschland zwar inzwischen auf dem Weg zu einer besseren Nutzerfreundlichkeit ist, aber noch viele Hindernisse zu überwinden hat. Dies zeigten nicht zuletzt die drei Anwendungsbeispiele in diesem Buch. In dem Bemühen, das Mobiltelefon als Zahlungsmittel durchzusetzen, wird daher in erster Linie ein Verständnis für die Bedürfnisse der Nutzer und ihrer alternativen Zahlungsmöglichkeiten eine weitaus größere Rolle spielen als technische Neuheiten selbst. Die Technik ist in vielerlei Hinsicht schon verfügbar, sie muss nur noch für den Nutzer reif gemacht werden. Wer das schafft, ob kleine nationale Entwicklungen, oder mächtige Global Player, werden die kommenden Jahre zeigen.

Mobile Payment soll schließlich kein Vergnügen sein, sondern muss als praktisches Mittel der Zahlungsausführung eigene erhebliche Mehrwerte bieten. Bestenfalls sollte es aber die Vorteile des Bargelds – universelle Einsetzbarkeit, schnelle Transaktion – mit den eigenen Vorteilen, wie die ständige Verfügbarkeit des Handys und die zunehmende Multifunktionalität von mobilen Geräten, verbinden. Nur so werden sich viele Nutzer für neue mobilfunkbasierte Zahlungssysteme gewinnen lassen.

9. Anhang

Abbildung 25: Umsatz-Anteile (gewichtet) nach Zahlungsort/-zweck

Zahlungsort/ -gelegenheit		Summe	Bargeld	girocard	Kreditkarte	GeldKarte	Kunden-/ Bonuskarte mit Zahlfunkt.	Internet-bezahl-verfahren	Lastschrift	Über-weisung	Sonstiges
Einzelhandel für täglichen Bedarf	Ausgaben in Euro	241.530	166.758	66.877	2.132	1.602	474	-	736	835	2.116
	Umsatz-Anteil	100%	69,0%	27,7%	0,9%	0,7%	0,2%	-	0,3%	0,3%	0,9%
Einzelhandel für längerfristige Anschaffungen	Ausgaben in Euro	108.710	48.489	47.878	6.472	631	354	90	201	2.377	2.218
	Umsatz-Anteil	100%	44,6%	44,0%	6,0%	0,6%	0,3%	0,1%	0,2%	2,2%	2,0%
Tankstelle	Ausgaben in Euro	71.566	29.119	32.699	8.131	464	96	-	369	42	646
	Umsatz-Anteil	100%	40,7%	45,7%	11,4%	0,6%	0,1%	-	0,5%	0,1%	0,9%
Apotheke	Ausgaben in Euro	17.252	14.210	2.261	368	7	-	-	62	187	156
	Umsatz-Anteil	100%	82,4%	13,1%	2,1%	0,0%	-	-	0,4%	1,1%	0,9%
Dienstleistungsbetrieb außer Haus	Ausgaben in Euro	61.839	29.669	13.371	2.472	8	266	-	2.488	13.253	312
	Umsatz-Anteil	100%	48,0%	21,6%	4,0%	0,0%	0,4%	-	4,0%	21,4%	0,6%
Dienstleistungen im Haushalt	Ausgaben in Euro	20.078	7.261	728	268	55	-	117	783	10.464	403
	Umsatz-Anteil	100%	36,2%	3,6%	1,3%	0,3%	-	0,6%	3,9%	52,1%	2,0%
Automaten	Ausgaben in Euro	8.299	5.719	1.344	35	244	-	364	569	-	23
	Umsatz-Anteil	100%	68,9%	16,2%	0,4%	2,9%	-	4,4%	6,9%	-	0,3%
Einkaufen im Internet	Ausgaben in Euro	22.826	652	1.498	1.580	2	-	1.030	4.668	12.913	482
	Umsatz-Anteil	100%	2,9%	6,6%	6,9%	0,0%	-	4,5%	20,5%	56,6%	2,0%
Bestellung im Versandhaus	Ausgaben in Euro	18.668	1.627	935	46	-	75	-	2.380	12.619	985
	Umsatz-Anteil	100%	8,7%	5,0%	0,2%	-	0,4%	-	12,8%	67,6%	5,3%
Restaurant	Ausgaben in Euro	31.391	23.914	5.722	1.192	-	110	-	-	-	454
	Umsatz-Anteil	100%	76,2%	18,2%	3,8%	-	0,3%	-	-	-	1,5%
Café, Kneipe, Imbiss, Schnellrestaurant	Ausgaben in Euro	24.341	23.352	421	126	33	12	-	88	116	194
	Umsatz-Anteil	100%	95,9%	1,7%	0,5%	0,1%	0,1%	-	0,4%	0,5%	0,8%
Freizeitaktivitäten	Ausgaben in Euro	16.393	13.113	1.273	628	27	3	74	211	869	195
	Umsatz-Anteil	100%	80,0%	7,8%	3,8%	0,2%	0,0%	0,5%	1,3%	5,3%	1,1%
Hotel, Pension	Ausgaben in Euro	10.909	1.882	1.869	2.081	-	-	-	163	4.749	164
	Umsatz-Anteil	100%	17,3%	17,1%	19,1%	-	-	-	1,5%	43,5%	1,5%
Ausgaben an Privatpersonen	Ausgaben in Euro	22.115	19.538	1.072	7	83	-	263	-	937	216
	Umsatz-Anteil	100%	88,3%	4,8%	0,0%	0,4%	-	1,2%	-	4,2%	1,1%
Taschengeld für Kinder	Ausgaben in Euro	7.261	6.018	14	-	-	-	-	37	1.165	28
	Umsatz-Anteil	100%	82,9%	0,2%	-	-	-	-	0,5%	16,0%	0,4%
Sparen von Bargeld	Ausgaben in Euro	10.286	10.286	-	-	-	-	-	-	-	-
	Umsatz-Anteil	100%	100,0%	-	-	-	-	-	-	-	-
Sonstiges	Ausgaben in Euro	243	93	-	-	-	-	-	-	-	150
	Umsatz-Anteil	100%	38,1%	-	-	-	-	-	-	-	61,9%
Zahlungsort nicht genannt	Ausgaben in Euro	6.730	3.787	867	-	31	-	-	268	1.672	104
	Umsatz-Anteil	100%	56,3%	12,9%	-	0,5%	-	-	4,0%	24,8%	1,5%

Entnommen aus: Deutsche Bundesbank, 2009, S. 86

Abbildung 26: Transaktionszahl-Anteile (gewichtet) nach Zahlungsort/- zweck

Zahlungsort/ -gelegenheit		Summe	Bargeld	girocard	Kreditkarte	GeldKarte	Kunden-/ Bonuskarte mit Zahlfunkt.	Internet-bezahl-verfahren	Lastschrift	Über-weisung	Sonstiges
Einzelhandel für täglichen Bedarf	Transaktionszahl	10.831	9.356	1.285	34	35	13	-	20	8	79
	Anteil an TA-Zahl	100%	86,4%	11,9%	0,3%	0,3%	0,1%	-	0,2%	0,1%	0,7%
Einzelhandel für längerfristige Anschaffungen	Transaktionszahl	1.525	952	464	51	10	6	1	1	17	23
	Anteil an TA-Zahl	100%	62,4%	30,4%	3,3%	0,7%	0,4%	0,1%	0,1%	1,1%	1,4%
Tankstelle	Transaktionszahl	1.906	1.044	677	144	16	2	-	5	1	19
	Anteil an TA-Zahl	100%	54,8%	35,5%	7,5%	0,8%	0,1%	-	0,2%	0,0%	1,1%
Apotheke	Transaktionszahl	1.005	939	53	7	1	-	-	1	1	3
	Anteil an TA-Zahl	100%	93,5%	5,3%	0,7%	0,1%	-	-	0,1%	0,1%	0,2%
Dienstleistungsbetrieb außer Haus	Transaktionszahl	951	756	122	9	-	4	-	6	48	7
	Anteil an TA-Zahl	100%	79,5%	12,8%	0,9%	-	0,4%	-	0,6%	5,1%	0,7%
Dienstleistungen im Haushalt	Transaktionszahl	231	177	13	2	0	-	2	4	30	2
	Anteil an TA-Zahl	100%	76,8%	5,8%	0,7%	0,2%	-	0,7%	1,8%	13,1%	0,9%
Automaten	Transaktionszahl	1.179	1.060	59	1	47	-	3	3	-	7
	Anteil an TA-Zahl	100%	89,9%	5,0%	0,1%	4,0%	-	0,2%	0,2%	-	0,6%
Einkaufen im Internet	Transaktionszahl	311	22	18	25	1	-	27	58	151	10
	Anteil an TA-Zahl	100%	6,9%	5,9%	8,2%	0,2%	-	8,6%	18,6%	48,5%	3,1%
Bestellung im Versandhaus	Transaktionszahl	222	36	10	1	-	1	-	26	138	10
	Anteil an TA-Zahl	100%	16,2%	4,7%	0,3%	-	0,5%	-	11,8%	61,9%	4,6%
Restaurant	Transaktionszahl	870	731	95	23	-	1	-	-	-	20
	Anteil an TA-Zahl	100%	84,0%	10,9%	2,7%	-	0,2%	-	-	-	2,2%
Café, Kneipe, Imbiss, Schnellrestaurant	Transaktionszahl	2.703	2.613	21	3	7	6	-	2	2	49
	Anteil an TA-Zahl	100%	96,7%	0,8%	0,1%	0,3%	0,2%	-	0,1%	0,1%	1,7%
Freizeitaktivitäten	Transaktionszahl	886	806	37	13	1	1	3	7	10	8
	Anteil an TA-Zahl	100%	90,9%	4,2%	1,4%	0,1%	0,1%	0,4%	0,8%	1,1%	1,0%
Hotel, Pension	Transaktionszahl	73	24	19	18	-	-	-	2	8	1
	Anteil an TA-Zahl	100%	33,3%	26,1%	25,2%	-	-	-	2,2%	11,6%	1,6%
Ausgaben an Privatpersonen	Transaktionszahl	686	645	19	-	3	-	1	-	11	7
	Anteil an TA-Zahl	100%	94,0%	2,7%	-	0,4%	-	0,2%	-	1,5%	1,2%
Taschengeld für Kinder	Transaktionszahl	409	393	1	-	-	-	-	3	10	3
	Anteil an TA-Zahl	100%	96,0%	0,3%	-	-	-	-	0,6%	2,3%	0,8%
Sparen von Bargeld	Transaktionszahl	431	431	-	-	-	-	-	-	-	-
	Anteil an TA-Zahl	100%	100,0%	-	-	-	-	-	-	-	-
Sonstiges	Transaktionszahl	8	5	-	-	-	-	-	-	-	3
	Anteil an TA-Zahl	100%	65,8%	-	-	-	-	-	-	-	34,2%
Zahlungsort nicht genannt	Transaktionszahl	210	171	13	4	1	-	-	3	13	5
	Anteil an TA-Zahl	100%	81,3%	6,3%	1,8%	0,5%	-	-	1,5%	6,0%	2,6%

Entnommen aus: Deutsche Bundesbank, 2009, S. 87

Abbildung 27: Verwendung von Zahlungsinstrumenten nach Bildungsabschluss

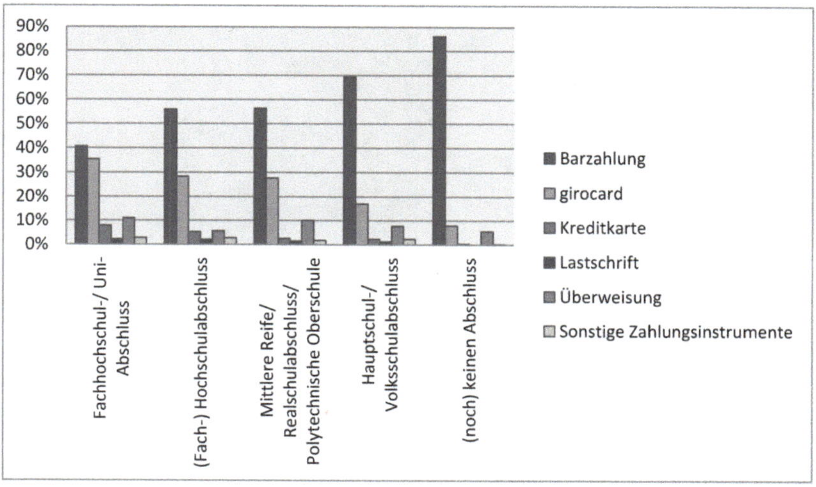

Datenquelle: Deutsche Bundesbank, 2009, S. 55

Abbildung 28: Verwendung von Zahlungsinstrumenten nach Einkommensgruppen

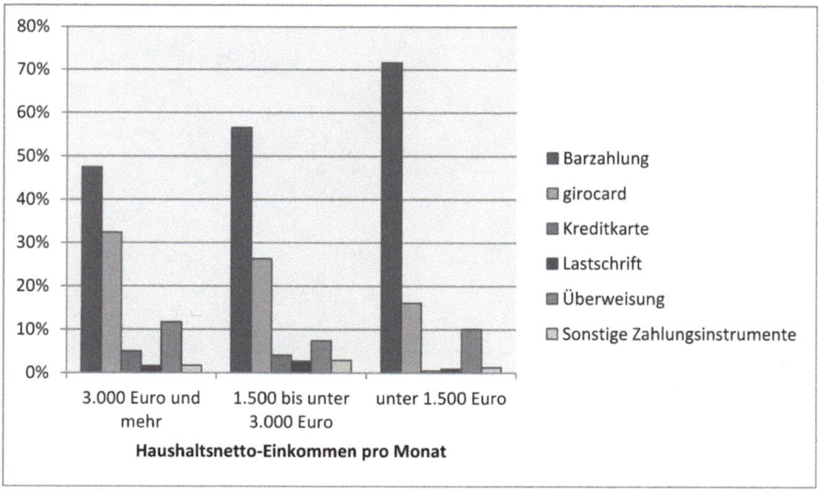

Datenquelle: Deutsche Bundesbank, 2009, S. 57

Abbildung 29: Verwendung von Zahlungsinstrumenten nach Herkunft

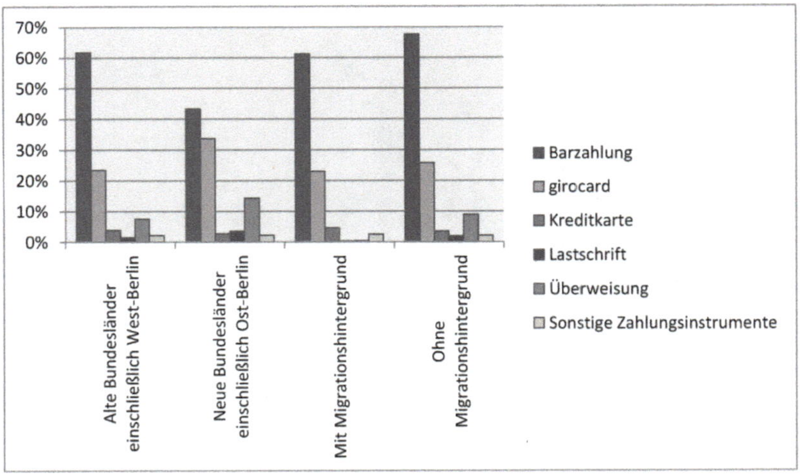

Datenquelle: Deutsche Bundesbank, 2009, S. 58

Literaturverzeichnis

Apple Inc. (2010). *Bump für das iPhone*. In: iTunes Vorschau, 07.04.2010. Abgerufen am 23. 05 2010 von http://itunes.apple.com/de/app/bump/id305479724?mt=8

Arndt, H. (2006). *Supply Chain Management. Optimierung logistischer Prozesse*. 3. Aufl., Wiesbaden.

ATM S.A. (24.05.2010). *Over 150 thousand users of "Pay with your mobile" service in mPay*, 24.05.2010. Abgerufen am 04. 06 2012 von http://media.atm.com.pl/pr/165815/over-150-thousand-users-of-pay-with-your-mobile-service-in-mpay

ATM S.A. (2011). *mPay and MasterCard establish a closer co-operation on the mobile payments market*, 29.06.2011. Abgerufen am 04.06.2012 von http://media.atm.com.pl/en/pr /189727/ mpay-and-mastercard-establish-a-closer-co-operation-on-the-mobile-payments-market

ATM S.A. (2012). *mPay S.A.* Abgerufen am 04.06.2012 von http://www.atm.com.pl/index. php?id=281

Bachfeld, D. (2007). *Angriff der Karten-Kloner*. In: Heise Security, 14.12.2007. Abgerufen am 11.07.2010 von http://www.heise.de/security/artikel/Manipulierte-Geldautomaten-270934.html

Badach, A. (2007). *Voice over IP - Die Technik: Grundlagen, Protokolle, Anwendungen, Migration, Sicherheit*. 3. Aufl, München, Wien.

Bauer, H., Dirks, T., & Bryant, M. (2008). *Erfolgsfaktoren des Mobile Marketing*. Heidelberg.

BDSG. (2009). Bundesdatenschutzgesetz vom 20.12.1990 mit allen spätereneren Änderungen in der Fassung vom 14.08.2009. In: BGBl. I S. 2814.

Bender, H. (2010). *Bedeutung der Geldkarte sinkt weiter*. In: Der Handel, 16.02.2010. Abgerufen am 02.06.2012 von http://www.derhandel.de/news/finanzen/pages/Bedeutung-der-Geldkarte-sinkt-weiter_5790.html

Bender, H. (2011). *Wie das Handy zum Geldbeutel wird*. In: Der Handel, 24.07.2011. Abgerufen am 05.04.2012 von http://www.derhandel.de/news/technik/pages/M-Payment-Wie-das-Handy-zum-Geldbeutel-wird-7667.html

BGB. (2006). Bürgerliches Gesetzbuch vom 18.08.1896 (BGBl. S. 27) mit allen späteren Änderungen in der Fassung vom 25.07.2006. In: BGBl. I: 126a.

Bloch, M., Pigneur, Y., & Segev, A. (1996). *On the Road of Electronic Commerce - a Business Value Framework, Gaining Competitive Advantage and Some Research Issues*. Berkeley.

Bolta, A. (2003). *Simulation und Analyse von Verschlüsselungsalgorithmen am Beispiel von UMTS*. Ravensburg.

Breitner, T. (2004). *Sicherheit und Vertrauen in Online-Transaktionen aus soziologischer und wirtschaftlicher Perspektive*. Freiburg.

Breitschaft, M., Krabichler, T., Stahl, E., & Wittmann, G. (2005). *Sichere Zahlungsverfahren für E-Government*. In: B. f. Informationstechnik, E-Government-Handbuch. Köln.

Bundesamt für Sicherheit in der Informationstechnik. (2008). *Öffentliche Mobilfunknetze und ihre Sicherheitsaspekte*. Bonn.

Bruness, L. (2011). *PayPal-App: Nutzer können Geldbeträge per NFC übertragen.* In: Netzwelt, 09.11.2011. Abgerufen am 27.05.2012 von http://www.netzwelt.de/news/89382-paypal-app-nutzer-geldbetraege-per-nfc-uebertragen.html

Bundesamt für Sicherheit in der Informationstechnik. (2010). *Online-Banking – Sicherheitstechniken.* Abgerufen am 06.06.2010 von https://www.bsi.bund.de/cln_165/BSIFB/DE/Themen/OnlineBanking/Sicherheitstechniken/sicherheitstechniken_node.html

Bundesministerium für Wirtschaft und Arbeit . (2004). *MobilMedia-Barometer, 2. Welle: M-Payment.* Berlin.

Bundesnetzagentur für Elektrizität, Gas, Telekommunikation, Post und Eisenbahnen. (22.05.2012). *Teilnehmerentwicklung im Mobilfunk nach Netzen pro Quartal.* Abgerufen am 26.05.2012 von http://www.bundesnetzagentur.de/cln_1912/DE/Sachgebiete/ Telekommunikation/Marktbeobachtung/Mobilfunkteilnehmer/Mobilfunkteilnehmer_node.html; jsessionid=E43DFDF0B5BA4F241FF9151D6A5FAC4D

Bundesverband Informationswirtschaft, Telekommunikation und neue Medien e.V. (2010). *Presseinformation - Mehr als 40 Prozent wollen mit dem Handy bezahlen.* Berlin.

Bundesverband Informationswirtschaft, Telekommunikation und neue Medien e.V. (2012). *Zeitenwende auf dem Handy-Markt.* Berlin.

Centre for Strategy & Evaluation Services. (2010). Study on the Costs and Benefits of Policy Actions in the Field of ensuring access to a Basic Bank Account - Final report. Kent, UK.

Cervantes, E. (2012). *Isis set to beat Google Wallet ahead of its release.* In: Android and Me, 05.03.2012. Abgerufen am 26.05.2012 von http://androidandme.com/2012/03/news/isis-set-to-beat-google-wallet-ahead-of-its-release/

CHIP Xonio Online GmbH 2008. (2009). *Touch and Travel – warum so kompliziert?* In: Xonio.com, 18.08.2009. Abgerufen am 11.07.2010 von http://blog.xonio.com/touch-and-travel-warum-so-kompliziert-20090818/

Communication Commission of Kenya. (2012). Quarterly sector statistics report 1st quarter july-sept 2011/2012. Nairobi, Kenia.

Computer Bild Digital GmbH. (2011). *Google Wallet: Konkurrent PayPal reicht Klage ein.* In: Computer Bild, 27.05.2011. Abgerufen am 23.05.2012 von http://www.computerbild.de/ artikel/cb-News-Handy-Google-Wallet-PayPal-Klage-mobiles-Bezahlsystem-6220426.html

comScore, Inc. (2010). *U.S. Mobile Subscriber Market Share.* In: comScore Reports, 04.06.2010. Abgerufen am 26.05.2012 von http://www.comscore.com/Press_Events/Press_Releases/2010/6/comScore_Reports_April_2010_U.S._Mobile_Subscriber_Market_Share

Contius, R., & Martignoni, R. (2003). Mobile Payment im Spannungsfeld von Ungewissheit und Notwendigkeit. In: K. Pousttchi, & K. Turowski, *Mobile Commerce - Anwendungen und Perspektiven, Proceedings zum 3. Workshop Mobile Commerce,.* Bonn.

Dannenberg, M., & Ulrich, A. (2004). *E-Payment und E-Billing, Elektronische Bezahlsysteme für Mobilfunk und Internet.* Wiesbaden.

DB Mobility Logistics AG. (2010). *Deutsche Bahn - Bewegtbild - Touristeninfos übers Handy.* 29.03.2010. Abgerufen am 11.07.2010 von http://bewegtbild.deutschebahn.com/btvo/site/ index.php?ids=143221&s=3100

Degrell, A. (2004*). Mobile Payment- Entwicklungsstand und Perspektiven.* Norderstedt.

Deutsche Bahn AG. (2012a). *Bedingungen für den Erwerb und die Nutzung von elektronischen Fahrausweisen über das Verfahren Touch&Travel mit Smartphones (Touch&Travel-Bedingungen Smartphone).* Berlin.

Deutsche Bahn AG. (2012b). *Infoblatt zur Datenverarbeitung.* Berlin.

Deutsche Bahn AG. (2012c). *Touch&Travel - Häufige Fragen.* Abgerufen am 19.06.2012 von http://www.touchandtravel.de/touchandtravel/faq

Deutsche Bahn AG. (2012d). *Touch&Travel-App Bedienungsanleitung.* Berlin.

Deutsche Bundesbank. (2009). *Zahlungsverhalten in Deutschland - Eine empirische Studie über die Auswahl und Verwendung von Zahlungsinstrumenten in der Bundesrepublik Deutschland.* Frankfurt am Main.

Dombret, B. (2008). *Zahlungssysteme im Internet - Marktsituation und Perspektiven.* Norderstedt.

Dror, Y. (2003). *Big Brother is watching you - and documenting.* In: Haaretz.com, 20.02.2003. Abgerufen am 12.07.2010 von http://www.haaretz.com/print-edition/features/big-brother-is-watching-you-and-documenting-1.18491

Dybwad, B. (2009). *Encryption Code for 80% of the World's Mobile Calls Cracked.* In: Mashable/Mobile, 28.12.2009. Abgerufen am 16.06.2010 von http://mashable.com/2009/12/28/gsm-encryption-cracked/

Eckert, C. (2008). IT-sicherheit: Konzepte- Verfahren- Protokolle. 5. Aufl., München.

Effing, W., & Rankl, W. (2002). Handbuch der Chipkarten - Aufbau, Funktionsweise, Einsatz von Smart Cards. 4. Aufl., München, Wien.

Empson, R. (2012). *Mobile Payment Solution LevelUp Now Seeing $1M Per Month In Transactions; Launches API.* In: TechCrunch, 29.05.2012. Abgerufen am 02.06.2012 von http://techcrunch.com/2012/02/29/mobile-payment-solution-levelup-now-seeing-1m-per-month-in-transactions-launches-api/

Financial News Publishing Ltd (2008). *mPay powers ahead in Poland.* In: Electronic Payments International, 01.05.2008. Abgerufen am 03.06.2012 von http://www.vrl-financial-news.com/cards--payments/electronic-payments-intl/issues/epi-2009/epi259/mpay-powers-ahead-in-poland.aspx

Financial Sector Deepening (FSD) Kenya & Consultative Group to Assist the Poor (CGAP). (2012). *Using credit to grow savings - Results from a mobile pilot in Kenya.* Nairobi, Kenia.

Financial Times Deutschland. (2011). *Mobilfunkern ist Zahlen per Handy 100 Millionen wert.* In: FTD Mobil, 30.08.2011. Abgerufen am 05.06.2012 von http://m.ftd.de/artikel/60097574.xml?v=2.0

Finkenzeller, K. (2008). RFID-Handbuch. Grundlagen und praktische Anwendungen von Transpondern, kontaktlosen Chipkarten und NFC. München.

Fonpit AG. (2009). *Bump - Datenaustauch via Handys aneinander anstoßen.* In: AndroidPIT. 12.11.2009. Abgerufen am 22.05.2010 von http://www.androidpit.de/de/android/blog/391480/Bump-Datenaustauch-via-Handys-aneinander-anstossen

F&P GmbH - FEiG & PARTNER . (2006). *Das IT-Security Portal - Handys mit biometrischen Fingerprint-Sensoren auf dem Vormarsch.* In: securitymanager.de, 20.04.2006. Abgerufen am 05.06.2010 von http://www.securitymanager.de/magazin/news_h16186_handys_mit_biometrischen_fingerprint-sensoren.html

Frank Weyermann, die datenwerkstatt. (2010). *PayPal-App für das iPhone um Bump-Funktion erweitert.* In: onlinemarktplatz.de, 22.05.2010. Abgerufen am 22.05.2010 von http://www.onlinemarktplatz.de/15632/paypal-app-fur-das-iphone-um-bump-funktion-erweitert

Gaehtgens, F. (2010). *Kennzeichen S(icherheit): U-Prove - Microsofts Technik für Datensicherheit.* In: Heise Developer, 16.03.2010. Abgerufen am 19.06.2010 von http://www.heise.de/developer/artikel/Kennzeichen-S-icherheit-U-Prove-Microsofts-Technik-fuer-Datensicherheit-955744.html

Gartner, Inc. (2011). *Gartner Says Worldwide Mobile Device Sales to End Users Reached 1.6 Billion Units in 2010; Smartphone Sales Grew 72 Percent in 2010.* In Gartner, 09.02.2011. Abgerufen am 12.05.2012 von http://www.gartner.com/it/page.jsp?id=1543014

Gartner, Inc. (2012). *Gartner Says Worldwide Smartphone Sales Soared in Fourth Quarter of 2011 With 47 Percent Growth.* In Gartner, 15.02.2012. Abgerufen am 12.05.2012 von http://www.gartner.com/it/page.jsp?id=1924314

Gegen, M. (2010). Mobile Tagging: Potenziale von QR-Codes im Mobile Business. Hamburg

Geis, I. (2007). *Datenschutzrecht.* Hamburg.

Germany Trade & Invest (2011). *Kenia will IKT-Modellmarkt werden.* In: Germany Trade & Invest, 26.06.2011. Abgerufen am 25.04.2012 von http://www.gtai.de/wwwroot/archiv-online-news/www.gtai.de/DE/Content/Online-news/2011/12/medien/s2-kenia-ikt-modell markt.html

Gerpott, T. (2003). Diffusion mobilfunkbasierter Zahlungssysteme. In: J. Kruse, *MultiMedia Mobil.* München.

Gerpott, T. (2002). Wettbewerbsstrategische Positionierung von Mobilfunknetzbetreibern im Mobile Business. In: G. Silberer, & T. Wilhelm, *Mobile commerce: Grundlagen, Geschäftsmodelle, Erfolgsfaktoren.* Wiesbaden.

Gladwell, M. (2000). The Tipping Point: How Little Things Can Make a Big Difference. London.

Google Inc. (2011). *Google Wallet - Privacy Policy.* In: Google Wallet, 16.11.2011. Abgerufen am 27.05.2012 von https://wallet.google.com/files/privacy.html?hl=en

Google Inc. (2012a). *FAQ.* In: Google Wallet. Abgerufen am 27.05.2012 von http://www.google.com/wallet/faq.html

Google Inc. (2012b). *Launch partners.* In: Google Wallet. Abgerufen am 27.05.2012 von http://www.google.com/wallet/current-partners.html

Gramberg, J. (05. 07 2010). Telefoninterview zum Thema mpass: Anonymität. (S. Leschik, Interviewer)

Gramberg, J. (21. 06 2012). Telefoninterview zum Thema mpass: NFC, Mobile-Wallet, Zahlungsinstrumente, Partner, Datenschutz. (S. Leschik, Interviewer)

Grill, W., & Perczynski, H. (2003). *Wirtschaftslehre des Kreditwesens.* Troisdorf.

Haberland, S. (2010). *Mobile Payment – Produkte mit dem Handy bezahlen.* In: suite101.de, 04.07.2010. Abgerufen am 12.07.2010 von http://handys.suite101.de/article.cfm/mobile-payment---produkte-mit-dem-handy-bezahlen

Handelsverband Deutschland Einzelhandel (HDE). (2010). *HDE - Konjunktur - Pressekonferenz.* Berlin.

Hans, G. (2009). Erfolgsfaktoren technologische Nutzungsinnovationen am Beispiel Mobiler Bezahlverfahren: Eine Delphi-Studie. Frankfurt am Main.

Hartmann, M. (2000). Elektronisches Geld und Geldpolitik. Karlsruhe.

Heng, S. (2004). ePayments: zeitgemäße Ergänzung traditioneller Zahlungssysteme. In: D. E.-C.-T. Network, *Working Paper - Status Quo beim E- und M-Payment.* Dortmund.

Heng, S. (2006). *UMTS: Am Breitband-Mobilfunk führt kein Weg vorbei.* In: *TecChannel,* 03.05.2006. Abgerufen am 01.07.2010 von http://www.tecchannel.de/netzwerk/wan/438 205/umts_am_breitband_mobilfunk_fuehrt_kein_weg_vorbei/index7.html

Henkel, J. (2001). Anforderungen an Zahlungsverfahren. In: R. Teichmann, M. Nonnenmache, & J. Henkel, *E-Commerce und E-Payment.* Wiesbaden.

Henkel, J. (2002). Mobile Payment. In: G. Silberer, J. Wohlfahrt, & T. Wilhelm, *Mobile Commerce - Grundlagen, Geschäftsmodelle, Erfolgsfaktoren.* Wiesbaden.

Heusch, C.-A. (2004). Die elektronische Signatur: Änderungen des Bürgerlichen Rechts aufgrund der Signatur-Richtlinie (1999/93/EG) durch das Gesetz zur Anpassung der Formvorschriften des Privatrechts an den modernen Rechtsgeschäftsverkehr vom 13. Juli 2001. Berlin.

Höft, M. (2002). Zahlungssysteme im electronic commerce: ePayment im Online SHP. Hamburg.

Honsel, G. (2011). *Versicherung per Handy.* In: Heise Technology Review, 19.10.2011. Abgerufen am 01.06.2012 von http://www.heise.de/tr/blog/artikel/Versicherung-per-Handy-1363066.html

Hughes, N. & Lonie, S. (2007). M-PESA: Mobile Money for the "Unbanked" Turning Cellphones into 24-Hour Tellers in Kenya. In: P. Auerswald & I. Quadir, *Innovations: Technology, Governance, Globalization.* Cambridge, MA, USA.

IBH RETAIL CONSULTANTS GmbH. (2012). *Handy-Betriebssysteme.* In: handelswissen.de. Aufgerufen am 12.05.2012 von http://www.handelswissen.de/data/branchen/IT_TK/ IT_TK_Spezialwissen/Grundlagen/IT/Betriebssysteme/handy.php

ibi research an der Universität Regensburg GmbH. (2010). *mpass.* Abgerufen am 07.05.2010 von http://www.ecommerce-leitfaden.de/mpass.html

Ihlenfeld, J. (2010). *GSM-Verschlüsselung mit einfacher Hardware zu knacken.* In: Golem, 30.07.2010. Abgerufen am 05.08.2010 von http://www.golem.de/1007/76875.html

Informationsdienst Wissenschaft e. V. (2006). *"Mobile PayPal" kommt auf den deutschen Markt: Zum Thema "Mobile Payment" auf der Augsburger MCTA 06.* In: IDW, 29.01.2006. Abgerufen am 12.07.2010 von http://idw-online.de/pages/de/news144804

inside-intermedia Onlineverlag GmbH & Co. KG. (2010). *Studie: 2012 jedes fünfte Handy mit NFC.* In: inside-intermedia, 18.04.2010. Abgerufen am 01.07.2010 von http://www.inside-handy.de/news/11655.html

International Monetary Fund. (2012). *Download entire World Economic Outlook database.* Abgerufen am 01.06.2012 von http://www.imf.org/external/pubs/ft/weo/2012/01/weodata/ download.aspx

iZettle AB (2012a). *Security.* Abgerufen am 02.06.2010 von https://www.izettle.com/security

iZettle AB (2012b). *About.* Abgerufen am 02. 06 2010 von http://www.izettle.com/about

iZettle AB (2012c). *iZettle Hearts The UK.* In: iZettle Blog, 18.05.2012. Abgerufen am 02.06.2010 von http://www.izettle.com/2012/05/18/izettle-hearts-the-uk/

iZettle AB (2012d). *Can I use the iZettle app without the card reader?* In: iZettle Support. Abgerufen am 02.06.2010 von https://izettle.desk.com/customer/en_us/portal/articles/ 531070-can-i-use-the-izettle-app-without-the-card-reader-#

iZettle AB (2012e). *How it works.* Abgerufen am 02.06.2010 von http://www.izettle.com/

iZettle AB (2012f). *Bye, Bye Fixed Fee.* In: iZettle Blog, 10.05.2012. Abgerufen am 02.06.2010 von http://www.izettle.com/2012/05/10/bye-bye-fixed-fee/

Jäger, M. (2006). *Online-Banking: 20 Bankenportale im Test.* In: TecChannel, 24.11.2006. Abgerufen am 11.07.2010 von http://www.tecchannel.de/sicherheit/identity_access/453977/online_banking_sicherheit_bank_test_phishing_tan_itan/index5.html

JVL Ventures, LLC (2011). HTC, LG, Motorola Mobility, RIM, Samsung Mobile, Sony Ericsson and DeviceFidelity to Implement Isis NFC and Technology Standards. In: Pay with ISIS, 27.09.2011. Abgerufen am 25.05.2012 von http://news.paywithisis.com/2011/09/27/manufacturers-add-support/

JVL Ventures, LLC (2012a). *ISIS - What is ISIS?* Abgerufen am 25.05.2012 von http://www.paywithisis.com/whatis.xhtml

JVL Ventures, LLC (2012b). *VeriFone, Ingenico, ViVOtech and Equinox Announce Integration of Isis™ Mobile Commerce Application.* In: Pay with ISIS, 05.03.2012. Abgerufen am 25.05.2012 von http://news.paywithisis.com/2012/03/05/payment_terminal_partners_announced/

JVL Ventures, LLC (2012c). *Chase, Capital One and Barclaycard First to Place Their Cards in the Isis™ Mobile Wallet.* In: Pay with ISIS, 26.02.2012. Abgerufen am 25.05.2012 von http://news.paywithisis.com/2012/02/26/3-banks-onboard/

Karlsruher Institut für Technologie. (2010). *Biometrische Identifikationssysteme.* In: Büro für Technikfolgen-Abschätzung beim deutschen Bundestag (TAB), 05.04.2010. Abgerufen am 05. 06 2010 von http://www.tab-beim-bundestag.de/de/untersuchungen/u076.html

Karlsson, J., & Taga, K. (2006). M-Payment im internationalen Kontext. In: T. Lammer, *Handbuch E-Money, E-Payment & M-Payment.* Heidelberg.

Kessler, M. (2009). *Vodafone und O_2 wollen Bezahlsystem mpass weiter vorantreiben.* In: teletarif.de, 06.03.2009. Abgerufen am 04.07.2010 von http://www.teltarif.de/mpass-bezahl system-handy-o2-vodafone/news/33350.html

Khodawandi, D., Pousttchi, K., & Wiedemann, D. (2003). Akzeptanz mobiler Bezahlverfahren in Deutschland. In: K. Pousttchi, & K. Turowski, *Mobile Commerce - Anwendungen und Perspektiven: Proceedings zum 3. Workshop, Mobile Commerce.* Augsburg.

Kirsch, C. (2010). *Forscher kritisieren Kreditkartentechnik 3-D Secure.* In: Heise Online, 27.01.2010. Abgerufen am 09.07.2010 von http://www.heise.de/newsticker/meldung/Forscher-kritisieren-Kreditkartentechnik-3-D-Secure-914365.html

Kornmeier, K. (2009). Determinanten der Endkundenakzeptanz mobilkommunikationsbasierter Zahlungssysteme — Eine theoretische und empirische Analyse. Konstanz.

Krabichler, T., Wittmann, G., Stahl, E., & Breitschaft, M. (2008). *Erfolgsfaktor Payment - Der Einfluss der Zahlungsverfahren auf Ihren Umsatz.* Regensburg.

Krempl, S. (2009). *GSM-Hacken leicht gemacht.* In: Heise Mobil, 28.12.2009. Abgerufen am 16.06.2010 von http://www.heise.de/mobil/meldung/26C3-GSM-Hacken-leicht-gemacht-892911.html

Kretschmar, S. (2005). Elektronische Zahlungssysteme - Grundlagen, Verbreitung, Akzeptanz, Bewertung. Saarbrücken.

Krüger, M., Leibold, K., & Smasal, D. (2008a). *Internet-Zahlungssysteme aus Sicht der Händler.* Karlsruhe.

Krüger, M., Leibold, K., & Smasal, D. (2008b). *Internet-Zahlungssysteme aus Sicht der Verbraucher.* Karlsruhe.

Lammer, T. (2004). Mobile Payment Systems - Grundlagen, Praxisbeispiele, Erfolgsstrategien. Innsbruck.

Lehner, F. (2002). Einführung und Motivation. In: F. Lehner, & R. Teichmann, *Mobile Commerce: Strategien, Geschäftsmodelle, Fallstudien.* Berlin, Heidelberg, New York.

Lehner, F. (2003). Mobile und drahtlose Informationssysteme: Technologien, Anwendungen, Märkte. Berlin, Heidelberg, New York.

Lenz, H. (2004). M-Payment, Zahlungsmethoden im M-Commerce. Wien.

LevelUp (2012a). *How it works.* Abgerufen am 02.06.2012 von https://www.thelevelup.com/how-it-works

LevelUp (2012b). *LevelUp for Business.* Abgerufen am 02.06.2012 von https://www.thelevelup.com/leads/new

Liebowitz, S., & Margolis, S. (1995). Path Dependence, Lock-In, and History. In: *Oxford University Press, 11 J.*

Lück, F. (2010). *Mobile Payment: eine afrikanische Erfolgsgeschichte.* In: ZDNet.de, 11.06.2010. Abgerufen am 12.07.2010 von http://www.zdnet.de/it_business_technik_mobile_payment_eine_afrikanische_erfolgsgeschichte_story-11000009-41533059-1.htm

Mansmann, U. (2004). *Moxmo kassiert von ehemaligen Paybox-Kunden.* In: Heise Online, 10.02.2004. Abgerufen am 11.07.2010 von http://www.heise.de/newsticker/meldung/Moxmo-kassiert-von-ehemaligen-Paybox-Kunden-93223.html

MasterCard (2012a). *About.* In: Mobile Payments Readiness Index. Abgerufen am 05.06.2012 von http://mobilereadiness.mastercard.com/about/

MasterCard. (2012b). Mobile Payments Readiness Index - Germany. Harrison, NY

MasterCard. (2012c). The Mobile Payments Readiness Index: A global market assessment. Harrison, NY

MasterCard (2012d). *The Index.* In: Mobile Payments Readiness Index. Abgerufen am 05.06.2012 von http://mobilereadiness.mastercard.com/the-index/

MasterCard (2012e). *PayPass.* Abgerufen am 05.06.2012 von http://www.mastercard.us/paypass.html#/home/

MasterCard (2012f). *PayPass.* Abgerufen am 05.06.2012 von http://www.mastercard.com/de/privatkunden/products/products_paypass.html

Miesling + Stranz GbR. (2009). *Bezahlen im Internet: mpass - zahlen per Handy.* In: Rechnung-Bestellen.de, 28.12.2009. Abgerufen am 09.05.2010 von http://www.rechnung-bestellen.de/index.php/bezahlen_Internet/items/mpass.html

Mitternachtshacking. (2007). *Mitternachtshacking - Grid IDs gegen RSA Token.* In: Mitternachtshacking, 20.10.2007. Abgerufen am 05.06.2010 von http://www.mitternachtshacking. de/ blog/tag/RSA

mPay S.A. (2012a). *System mPay.* Abgerufen am 03.06.2012 von http://www.mpay.pl/pl/jak-doladowac-konto

mPay S.A. (2012b). *Preise.* Abgerufen am 03.06.2012 von http://www.mpay.pl/pl/cennik

Nerenberg, J. (2011). *A Mobile Banking Powerhouse Born From Bus Fare Theft.* In: Fast Company, 02.09.2011. Abgerufen am 28.04.2012 von http://www.fastcompany.com/1725495/m-pesas-mobile-banking-revolution-in-africa

Neumann, D. (2006). Internet-Zahlungssysteme für Händler und Verbraucher im deutschen Rechtssystem. In: T. Lammer, *Hanbuch E-Money, E-Payment & M-Payment.* Heidelberg.

Noël, J.-M., & Pohle, J. (2005). *Vertrauen in E-Commerce.* Düsseldorf.

Nolf & Huber GesbR. (2010). *PayPal für iPhone mit neuer "Bump to Send Money" Funktion.* In: iPhone News Blog, 17.03.2010. Abgerufen am 2010. 05 22 von http://www.iphone-news.org/2010/03/17/paypal-fur-iphone-mit-neuer-bump-to-send-money-funktion-7197/

NXP Semiconductors (2011). *NXP ermöglicht sicheres Bezahlen per Handy mit Google Wallet.* In: NXP, 27.05.2011. Abgerufen am 27.05.2012 von http://www.nxp.com/countries/germany/press-releases/2011/05/27.html

Our Mobile Planet. (2011). *Our Mobile Planet - Haben Sie Fragen zu mobilen Nutzern?* Abgerufen am 01.06.2012 von http://www.ourmobileplanet.com/de/

Paus, A. (2007). *Near Field Communication (NFC) in Cell Phones.* In: Ruhr-Universität Bochum, 24.07.2007. Abgerufen am 11.07.2010 von http://www.emsec.ruhr-uni-bochum.de/media/crypto/attachments/files/2011/04/near_field_communication_in_cell_ phones.pdf

paybox Bank AG. (2012a). *A1 präsentiert eine neue Art des Bezahlens: paybox NFC.* In: paybox Presseaussendungen, 17.04.2012a. Abgerufen am 02.06.2012 von http://www.paybox.at/_ PRETTY_URL_PREFIX_PATH_/6135_7405.php

paybox Bank AG. (2012b). *Warum auch Sie mit dem Handy bezahlen sollten.* Abgerufen am 02.06.2012 von https://www.paybox.at/6190/Privat/Bezahlen/Vorteile

paybox Bank AG. (2012c). *Über paybox - Zahl's mit dem Handy.* Abgerufen am 02.06.2012 von http://www.paybox.at/6081/Ueber-uns

paybox Bank AG. (2012d). *Nutzen Sie alle paybox Services!* Abgerufen am 02.06.2012 von https://www.paybox.at/6213/Privat/Produkte--Tarife/paybox-classic/Beschreibung

paybox Bank AG. (2012e). *So bezahlen Sie mit paybox.* Abgerufen am 02.06.2012 von http://www.paybox.at/6192/Privat/Bezahlen/Wie-bezahlen

paybox Bank AG. (2012f). *Noch schneller bezahlen mit paybox NFC®.* Abgerufen am 02.06.2012 von http://www.paybox.at/7378/Privat/Produkte--Tarife/paybox-NFC/Beschreibung

paybox Bank AG. (2012g). *paybox NFC.* Abgerufen am 02.06.2012 von http://www.paybox.at/7385/Ueber-uns/Haeufig-gestellte-Fragen-FAQ/paybox-NFC

Payment Makler. (2010). mpass – mit dem Handy im Onlineshop bezahlen. In: Payment Makler, 16.11.2010. Abgerufen am 13.05.2012 von http://www.paymentmakler.de/wir-stellen-vor-mpass-im-onlineshop-bezahlen-mit-dem-handy/

PayPal (Europe) S.à r.l. & Cie, S.C.A. (2010a). *Gebühren.* In: PayPal. Abgerufen am 23. 05 2010 von https://www.paypal-deutschland.de/privatkunden/was-ist-paypal/gebuehren.html

PayPal (Europe) S.à r.l. & Cie, S.C.A. (2010b). *Verkäuferschutz.* In: PayPal. Abgerufen am 12.07.2010 von https://www.paypal-deutschland.de/haendler/paypal-fuer-haendler/vorteile/verkaeuferschutz.html

PayPal (Europe) S.à r.l. & Cie, S.C.A. (2010c). *PayPal auf dem iPhone.* In: PayPal. Abgerufen am 22.05.2010 von https://www.paypal-deutschland.de/privatkunden/paypal-im-einsatz/iphone.html

PayPal (Europe) S.à r.l. & Cie, S.C.A. (2010d). *Hilfe-Center.* In: PayPal. Abgerufen am 23.05.2010 von https://www.paypal.com/helpcenter/main.jsp;jsessionid=fF1qL5JKLXgNHbXHkhLp6TKsT7Qx2Dpknw0TWqBrf1ZwGDj3BTv2!-887776613?locale=de_DE&_dyncharset=UTF-8&countrycode=DE&cmd=_help&serverInstance=9014&t=solutionTab&ft=browseTab&ps=solutionPanels&solutionId=11011

PayPal (Europe) S.à r.l. & Cie, S.C.A. (2012a). *PayPal-QRShopping.* In: PayPal. Abgerufen am 05.05.2012 von https://www.paypal-deutschland.de/privatkunden/qrshopping.html

PayPal (Europe) S.à r.l. & Cie, S.C.A. (2012b). *Frequently Asked Questions.* In: PayPal Here. Abgerufen am 05.05.2012 von https://www.paypal.com/webapps/mpp/credit-card-reader-faq

PCDE GmbH. (2012). *Die besten Apps der letzten Woche im Überblick!* In: PC.DE, 01.04.2012. Abgerufen am 01.07.2012 von http://pc.de/software/besten-apps-woche-3416

Pichler, T. (2009). *Deutschland bei Mobile Payment mit Aufholbedarf.* In: pressetext, 09.01.2009. Abgerufen am 04.07.2010 von http://pressetext.de/news/090109005/deutschland-bei-mobile-payment-mit-aufholbedarf/

Richtlinie 2000/46/EG. (2000). Richtlinie 2000/46/EG des Europäischen Parlaments und des Rates über die Aufnahme, Ausübung und Beaufsichtigung der Tätigkeit von E-Geld-Instituten vom 18.10.2000 (Amtsblatt Nr. L 275, S. 0039 - 0043).

REINER Kartengeräte GmbH & Co. KG. (2010). *Reiner SCT - cyberJack® e-com plus (USB).* Abgerufen am 03.07.2010 von https://www.chipkartenleser-shop.de/shop/rsct/article/3232

Reppekus, D. (2000). *Sicherheitskonzepte des UMTS Standards.* In: FernUniversität in Hagen. Abgerufen am 14. 06 2010 von http://www.fernuni-hagen.de/NT/kurse/sem_2000/umts.pdf

Roehlinger, F. (2011). *PayPal Android App jetzt mit NFC.* In: AndroidPIT, 09.11.2011. Abgerufen am 09. 11 2011 von http://www.androidpit.de/PayPal-Android-App-jetzt-mit-NFC

Pousttchi, K. (2005). Mobile-Payment in Deutschland: Szenarienübergeifendes Referenzmodell für mobile Bezahlvorgänge. Wiesbaden.

Pousttchi, K., & Turowski, K. (2004). *Mobile Commerce: Grundlagen und Techniken.* Berlin, heidelberg, New York.

Pousttchi, K., Selk, B., & Turowski, K. (2002). Akzeptanzkriterien für mobile Bezahlverfahren. In: J. Hampe, & G. Schwabe, *Mobile and Collaborative Business 2002.* Nürnberg.

RSA Security. (2010). *RSA, The Security Division of EMC - Software Authenticators.* Abgerufen am 06. 06 2010 von http://www.rsa.com/node.aspx?id=1313

Rundfunk und Telekom Regulierungs-GmbH. (2011). *RTR Telekom Monitor.* Wien

Safaricom Ltd. (2011). *Lessons and Insights of Providing Financial Services to the Underserved through Mobile*, 28.02.2011. Abgerufen am 21.04.2012 von http://siteresources.worldbank.org/FINANCIALSECTOR/Resources/282044-1323805522895/2-Innovation-BettyMwangi.pdf

Safaricom Ltd. (2012a). *M-PESA Agents.* In: M-PESA. Abgerufen am 21.04.2012 von http://www.safaricom.co.ke/index.php?id=252

Safaricom Ltd. (2012b). *Deposit Cash to Your Account.* In: M-PESA. Abgerufen am 21.04.2012 von http://www.safaricom.co.ke/index.php?id=362

Safaricom Ltd. (2012c). *M-PESA Tariff.* In: M-PESA. Abgerufen am 21.04.2012 von http://www.safaricom.co.ke/index.php?id=255

Safaricom Ltd. (2012d). *Withdraw Cash.* In: M-PESA. Abgerufen am 21.04.2012 von http://www.safaricom.co.ke/index.php?id=267

Safaricom Ltd. (2012e). *M-PESA to Bank.* In: M-PESA. Abgerufen am 21.04.2012 von http://www.safaricom.co.ke/index.php?id=1498

Safaricom Ltd. (2012f). Press Release - Safaricom Limited announces strong operational and financial performance for the financial year ended 31st March 2012. Nairobi, Kenia.

Sawall, A. (2011). *Paypal klagt wegen neuem Bezahlsystem Google Wallet.* In: Golem, 27.05.2011. Abgerufen am 16.05.2012 von http://www.golem.de/1105/83772.html

Schulze, H. (05. 05 2009). *Die digitale Signatur und ihre juristische Bedeutung.* In: Gottfried Wilhelm Leibniz Universität, 05.05.2009. Abgerufen am 01.07.2010 von http://www.rrzn.uni-hannover.de/digi-signatur.html?&no_cache=1

Schwan, B. (2010). *Geldtransfer per Handschlag.* In: Heise (Technology Review), 30.03.2010. Abgerufen am 07. 05 2010 von http://www.heise.de/tr/artikel/Geldtransfer-per-Handschlag-990419.html

Schweikle, R. (2009). Innovationsstrategien und Determinanten des Wettbewerbserfolges: Eine vergleichende Analyse japanischer und deutscher Unternehmen. Wiesbaden.

Seidel, H. (2007). *Kampf gegen das Kreditkarten-Kartell.* In: Welt Online, 15.04.2007. Abgerufen am 07.05.2010 von http://www.welt.de/finanzen/article810981/Kampf_gegen_das_Kreditkarten_Kartell.html

Seidel, M. (2010). *mopay ermöglicht das Bezahlen physischer Güter mit dem Mobiltelefon.* In: commercemanager.de, 20.05.2010. Abgerufen am 04.07.2010. von http://www.commercemanager.de/magazin/news_h40725_mopay_ermoeglicht_das_bezahlen_physischer.html

Selk, B., & Turowski, K. (2002). *Mobile Commerce: Stand und Perspektiven.* Augsburg.

SevenOne Media GmbH. (2007). Sinus-Milieus - Lebensstil, Fernsehnutzung und Umgang mit neuer Kommunikationstechnologie. In: K. Dannhardt, & D. Nowak, *Sinus-Milieus – Lebensstil, Fernsehnutzung und Umgang mit neuer Kommunikationstechnologie.* Unterföhring.

Shrauger, S. (2012). *SXSW: PayPal to Give Attendees First Look at New Digital Wallet.* In: PayPal Blog, 09.03.2012. Abgerufen am 05.05.2012 von https://www.thepaypalblog.com/2012/03/sxsw-paypal-to-give-attendees-first-look-at-new-digital-wallet/

Sigler, R. (2007). *Mobile Payment – die Möglichkeit, mit dem Handy zu bezahlen, findet mehr Akzeptanz.* In: commercemanager.de, 22.10.2007. Abgerufen am 01.07.2010 von http://www.commercemanager.de/magazin/artikel_1650_mobile_payment.html

Sims, D. (2012). *Commerce Weekly: Google Wallet vs Isis is coming soon.* In: O'Reilly Radar, 29.03.2012. Abgerufen am 16.05.2012 von http://radar.oreilly.com/2012/03/google-wallet-isis-mobile-wallet-nfc.html

Sinus Sociovision GmbH. (2009). *Sinus-Milieus.* Abgerufen am 17.06.2010 von http://www.sociovision.de/de/loesungen/sinus-milieus.html

Sokolov, D. (2010). *MWC: Getrennte Welten bei Mobile Money.* In: Heise Mobil, 16.02.2010. Abgerufen am 02.07.2010 von http://www.heise.de/mobil/artikel/Mobile-Zahlungssysteme-in-reichen-und-armen-Laendern-931700.html

Sokolov, D. (2009). *Niederösterreich: Fahrscheinkontrolle per NFC.* In: Heise Online, 20.01.2009. Abgerufen am 03.07.2010 von http://www.heise.de/newsticker/meldung/Niederoesterreich-Fahrscheinkontrolle-per-NFC-200009.html

SPIEGELnet GmbH. (2012). Indien hat mehr Handys als Toiletten. In: Spiegel Online, 14.03.2012. Abgerufen am 27.04.2012 von http://www.spiegel.de/panorama/kurz-krass-indien-hat-mehr-handys-als-toiletten-a-821287.html

Sternkopf, M. (2012). *NFC - Wer macht mit?* In: Computerwoche, 28.04.2012. Abgerufen am 01.06.2012 von http://www.computerwoche.de/management/it-strategie/2510327/

Stumpf, R. (2007). *Einzelhandel - Fingerprint-System überlistet.* In: Das Erste, 27.11.2007. am 03.07.2010 von http://web.archive.org/web/20080208102716/http://www.daserste.de/plusminus/beitrag_dyn~uid,y2i9gnyp0ejp1iqp~cm.asp

The Nielsen Company (Germany) GmbH. (2011). *Nielsen präsentiert erste Ergebnisse aus aktuellem Smartphone Insights Report für Deutschland.* In: Nielsen, 06.12.2011. Abgerufen am 18.05.2012 von http://www.nielsen.com/de/de/insights/presseseite/2011/nielsen-praesentiert-erste-ergebnisse-aus-aktuellem-smartphone-i.html

Think Computer Corporation. (2012a). *Information for Individuals.* In: FaceCash. Abgerufen am 01. 06 2012 von https://www.facecash.com/individuals.html

Think Computer Corporation. (2012b). *Information for Businesses*. In: FaceCash. Abgerufen am 01. 06 2012 von https://www.facecash.com/businesses.html#6

Thomson Reuters (Markets) Deutschland GmbH. (2010). *BKA-Chef gegen Magnetstreifen auf Kreditkarten*. In: Reuters, 26.05.2010. Abgerufen am 12. 06 2010 von http://de.reuters.com/article/domesticNews/idDEBEE64P0DW20100526

TOMORROW FOCUS Technologies GmbH. (2010). - *Apple-Handy: Bezahlen mit Kreditkarte und iPhone*. FOCUS Online, 05.01.2010. Abgerufen am 12. 06 2010 von http://www.focus.de/intern/intern/tid-13790/impressum_aid_145454.html

Uehlecke, J. (2010). *Überweisung auf Anstoß*. In: Zeit Online, 27.03.2010. Abgerufen am 23. 05 2010 von http://www.zeit.de/2010/13/Ausprobiert-Paypal-iPhone

Unhold, C. (2008). *Bluetooth und NFC*. Hagenberg.

Verkehrsclub Deutschland e.V. (2010). *Preisvergleich Fahrkarten für gesamtes Stadtgebiet*. In: VCD. Abgerufen am 08. 07 2010 von http://www.vcd.org/vorort/fileadmin/ user_upload/frankfurt-maintaunus/redaktion/Material/Fahrpreis2010_Gesamttabelle.pdf

Vodafone D2 GmbH, Telefónica O_2 Germany GmbH & Co. OHG & Telekom Deutschland GmbH. (2012a). *Datenschutzerklärung*. In: mpass. Abgerufen am 15. 06 2012 von http://www.mpass.de/datenschutz

Vodafone D2 GmbH, Telefónica O_2 Germany GmbH & Co. OHG & Telekom Deutschland GmbH. (2012b). *Einfach bezahlen mit mpass*. In: mpass. Abgerufen am 15. 06 2012 von http://www.mpass.de/ueber-mpass/funktionsweise

Vodafone D2 GmbH, Telefónica O_2 Germany GmbH & Co. OHG & Telekom Deutschland GmbH. (2012d). *Haben Sie Fragen zu mpass?* In: mpass. Abgerufen am 15. 06 2012 von http://www.mpass.de/hilfe#a-209

Vodafone Group Plc. (2012). *What is Vodafone Money Transfer?* In: Vodafone. Abgerufen am 04.05.2012 von http://www.vodafone.com/content/index/about/about_us/money_transfer/what_is.html

Weber, C. (2002). Zahlungsverfahren im Internet - Zahlung mittels Kreditkarte, Lastschrift und Geldkarte. Köln.

Weis, R., & Lucks, S. (1998). *Sicherheitsprobleme bei Authentifizierung und Verschlüsselung in GSM-Netzen*. Datenschutz und Datensicherheit (DuD), Heft 22.

WEKA MEDIA GmbH & Co. KG. (2010). *NFC*. In: Datenschutz Praxis. Abgerufen am 16.06.2010 von http://www.datenschutz-praxis.de/lexikon/n/nfc.html

Yin, S. (2011). *Google Wallet Rival, Isis, Will Support Android*. In: *PCMAC*, 20.09.2011. Abgerufen am 27.05.2012 von http://www.pcmag.com/article2/0,2817,2393283,00.asp

Zimmermann, K. (2004). *Der Rijndael (AES) Algorithmus*. Ulm.

Stichwortverzeichnis

MIX
Papier | Fördert gute Waldnutzung
FSC® C083411

Kolibri 360 GmbH
Ferdinand-Jühlke-Straße 7
99095 Erfurt, Deutschland
produktsicherheit@kolibri360.de